"十三五"国家重点图书出版规划项目

特大城市社会治理研究
丛书主编：李友梅

新社会群体研究
——以上海为例

孙秀林 —— 著

NEW SOCIAL GROUPS IN
SHANG HAI

社会科学文献出版社
SOCIAL SCIENCES ACADEMIC PRESS (CHINA)

作者简介

孙秀林,上海大学社会学院教授;主要研究领域为基层治理、城市社会学、空间社会学等;在专业刊物上发表多篇学术文章;主持国家社科基金项目、上海市哲学社会科学规划项目、上海市教委项目等多项课题。

目录

第1章 绪论 ⋯⋯⋯⋯⋯⋯⋯⋯⋯⋯⋯⋯⋯⋯⋯⋯⋯⋯⋯⋯⋯⋯⋯ / 1
　　一　研究意义 ⋯⋯⋯⋯⋯⋯⋯⋯⋯⋯⋯⋯⋯⋯⋯⋯⋯⋯⋯ / 1
　　二　研究内容 ⋯⋯⋯⋯⋯⋯⋯⋯⋯⋯⋯⋯⋯⋯⋯⋯⋯⋯⋯ / 2

第2章 分析框架 ⋯⋯⋯⋯⋯⋯⋯⋯⋯⋯⋯⋯⋯⋯⋯⋯⋯⋯⋯⋯ / 4
　　一　新社会群体的发展脉络 ⋯⋯⋯⋯⋯⋯⋯⋯⋯⋯⋯⋯⋯ / 4
　　二　新社会群体的分析维度 ⋯⋯⋯⋯⋯⋯⋯⋯⋯⋯⋯⋯⋯ / 7
　　三　新社会群体的分析框架 ⋯⋯⋯⋯⋯⋯⋯⋯⋯⋯⋯⋯⋯ / 11

第3章 数据 ⋯⋯⋯⋯⋯⋯⋯⋯⋯⋯⋯⋯⋯⋯⋯⋯⋯⋯⋯⋯⋯⋯ / 12
　　一　数据概况 ⋯⋯⋯⋯⋯⋯⋯⋯⋯⋯⋯⋯⋯⋯⋯⋯⋯⋯⋯ / 12
　　二　数据说明 ⋯⋯⋯⋯⋯⋯⋯⋯⋯⋯⋯⋯⋯⋯⋯⋯⋯⋯⋯ / 13

第4章 新社会群体描述 ⋯⋯⋯⋯⋯⋯⋯⋯⋯⋯⋯⋯⋯⋯⋯⋯ / 15
　　一　新社会群体的界定 ⋯⋯⋯⋯⋯⋯⋯⋯⋯⋯⋯⋯⋯⋯⋯ / 15
　　二　新社会群体的构成 ⋯⋯⋯⋯⋯⋯⋯⋯⋯⋯⋯⋯⋯⋯⋯ / 16

第5章 就业与工作 ⋯⋯⋯⋯⋯⋯⋯⋯⋯⋯⋯⋯⋯⋯⋯⋯⋯⋯⋯ / 19
　　一　新社会群体的就业状况 ⋯⋯⋯⋯⋯⋯⋯⋯⋯⋯⋯⋯⋯ / 19
　　二　新社会群体就业的分化 ⋯⋯⋯⋯⋯⋯⋯⋯⋯⋯⋯⋯⋯ / 23
　　三　小结 ⋯⋯⋯⋯⋯⋯⋯⋯⋯⋯⋯⋯⋯⋯⋯⋯⋯⋯⋯⋯⋯ / 25

第6章 经济状况 ⋯⋯⋯⋯⋯⋯⋯⋯⋯⋯⋯⋯⋯⋯⋯⋯⋯⋯⋯⋯ / 27
　　一　工作收入 ⋯⋯⋯⋯⋯⋯⋯⋯⋯⋯⋯⋯⋯⋯⋯⋯⋯⋯⋯ / 27
　　二　家庭金融 ⋯⋯⋯⋯⋯⋯⋯⋯⋯⋯⋯⋯⋯⋯⋯⋯⋯⋯⋯ / 29
　　三　社会保障 ⋯⋯⋯⋯⋯⋯⋯⋯⋯⋯⋯⋯⋯⋯⋯⋯⋯⋯⋯ / 32

四　小结 / 36

第 7 章　住房 / 38
　　一　住房类型 / 38
　　二　住房产权 / 43
　　三　住房面积 / 48
　　四　小结 / 49

第 8 章　政治活动 / 51
　　一　政治关注 / 51
　　二　政治参与 / 54
　　三　政治意识 / 58
　　四　小结 / 61

第 9 章　集体效能 / 62
　　一　集体效能的概念 / 62
　　二　集体效能的测量 / 63
　　三　集体效能的影响因素 / 68
　　四　小结 / 69

第 10 章　社会融合 / 71
　　一　社会交往 / 71
　　二　社会认同 / 81
　　三　小结 / 86

第 11 章　社交媒体 / 88
　　一　社交媒体的使用情况 / 89
　　二　了解新闻的渠道 / 90
　　三　评论和转发 / 93
　　四　小结 / 96

第 12 章　社会信心 / 98
　　一　社会信心的总体状况 / 99
　　二　不同新社会群体的社会信心 / 103

三　社会信心的影响因素 ………………………………… / 107
　　四　小结 ……………………………………………………… / 109

第 13 章　婚姻 …………………………………………………… / 112
　　一　婚姻匹配 ………………………………………………… / 112
　　二　婚姻观 …………………………………………………… / 115
　　三　小结 ……………………………………………………… / 120

第 14 章　家庭观 ………………………………………………… / 121
　　一　家务劳动时间分配 ……………………………………… / 122
　　二　家庭决策权 ……………………………………………… / 126
　　三　生育意愿 ………………………………………………… / 129
　　四　家庭生活满意度 ………………………………………… / 131
　　五　小结 ……………………………………………………… / 134

第 15 章　生活方式 ……………………………………………… / 137
　　一　不同群体之间的差异 …………………………………… / 137
　　二　新社会群体内部的差异 ………………………………… / 142
　　三　小结 ……………………………………………………… / 148

第 16 章　身心健康 ……………………………………………… / 150
　　一　不同群体之间的健康差异 ……………………………… / 150
　　二　新社会群体的精神健康 ………………………………… / 155
　　三　小结 ……………………………………………………… / 161

第 17 章　总结和讨论 …………………………………………… / 163
　　一　分析框架设计 …………………………………………… / 163
　　二　新社会群体的特征 ……………………………………… / 164
　　三　新社会群体的多维度分析 ……………………………… / 165
　　四　不足之处 ………………………………………………… / 168

参考文献 …………………………………………………………… / 170

第1章 绪论

一 研究意义

1978年改革启动之后,中国社会快速从计划经济体制向社会主义市场经济体制转型。这种转型释放出了巨大的活力,极大地推动着社会经济的发展,也深刻地影响着社会阶层结构的分化。改革之前比较单一的社会阶层结构,开始向多元化方向发展和演变,一些新的社会阶层与社会群体,如私营企业主、个体工商户等开始出现。

进入21世纪以来,随着改革的进一步深化,以及经济社会的持续发展,人力资本的作用日益增强,专业技术人员的社会经济地位逐步上升,人群比例逐年扩大;受雇于私营企业和外资企业的人员队伍越来越壮大,成为不可忽视的社会群体;此外,随着服务业特别是知识密集型服务业的发展,提供知识性产品服务但不供职于任何机构的人员越来越成为社会经济发展的重要力量。这些新社会群体的出现,突破了传统的社会分层结构,深刻地改变了原有的社会结构,对中国社会的发展产生了深远影响。

党中央积极应对这种情况,2015年正式提出将这些新出现的社会阶层人士(新社会群体)纳入统战工作中。按照官方定义,这些新的新社会阶层包括下面几个类别:①私营企业和外资企业的管理技术人员,主要是指那些在私营企业和外资企业工作,并掌握专业技能或具有较丰富管理经验的人员;②中介组织从业人员,包括提供知识性服务的专业机构从业人员(律师、会计师、评估师、税务师、专利代理人等);③社会组织从业人员;④自由职业人员,主要指的是那些不供职于任何单位,但又通过提供服务来取得收入的人员;⑤新媒体从业人员,主要指那些在新媒体上从事技术服务的人员等。

改革开放以来，上海的社会经济获得了飞速发展，吸引大量国内外人才来到上海工作生活。在各个行业工作的人群中，有很大一部分属于新社会群体，他们对上海市的经济与社会发展做出了巨大的贡献。而且，这部分人群在年龄结构上比较年轻，因此，这一群体的存在，对于缓解上海的老龄化问题也具有重要意义。在这种背景下，对于上海市新社会群体展开深入研究，不仅仅对这一群体的未来发展具有重要意义，同时对于上海这样的特大型城市发展的探讨，对于中国未来的社会发展与社会建设也具有重要的借鉴意义。

本研究的学术价值主要在于：深入刻画新社会群体的生存状态，包括经济维度、政治维度、社会维度、价值观维度、生活方式维度等，补充这一领域的相关研究。本研究的应用价值体现在：为制定社会管理政策措施提供参考，在制度上促进新社会群体更好地安居乐业，并提出有针对性的措施来提高新社会群体在大都市中的社会信心，以更好地发挥这个群体的创造力。本研究的预期成果有助于提高这个群体的生活水平，缓解其社会生存压力，加快社会融合，增加社会信心，以期为未来的社会发展尽一份绵薄之力。

二 研究内容

近年来，新社会阶层或者新社会群体的研究，已成为多个学科研究的焦点，引起了不同学科的学者之间广泛的讨论和对话。本研究利用一个非常独特的上海抽样调查数据——"上海都市社区调查"（Shanghai Urban Neighborhood Survey, SUNS）2017 年的数据，全面刻画上海新社会阶层的构成情况并进行多维度分析，包括工作情况、收入情况、住房情况、政治参与情况、集体效能感、社会融合、社交媒体使用、社会信心、婚姻观、家庭观、生活方式、身心健康等方方面面。在具体的研究过程中，从下面几个维度入手：①经济维度，包括工作、收入、住房三个方面；②政治维度，主要包括政治参与和集体效能感两个方面；③社会维度，关注社会融入、社交媒体使用、社会信心三个方面；④价值观维度，主要包括婚姻观和家庭观两个方面；⑤生活方式维度，主要包括都市生活和身心健康两个方面。

　　本研究的核心内容在于从多个维度全面考察新社会群体在大都市中的社会生活状况，希望这一研究有助于我们深入思考在现有制度背景下如何改善新社会群体的社会生活水平，并给未来的城市治理提供参考。

第 2 章　分析框架

新社会群体在中国的出现和发展，与中国社会结构的变迁紧密相关。1978 年开始的改革开放，是当代中国一次深刻而重大的转型。从经济领域开始，改革迅速波及社会、政治、文化等各个领域。在改革过程中，我国的工业化、市场化、城市化快速推进，从计划经济体制向社会主义市场经济体制的转型日益加速。中国社会转型，极大地推动了社会经济的发展，同时也深刻地影响着中国社会阶层结构的分化。随着中国经济形式的多样化，中国社会阶层也出现了一个复合型、多线性的历史发展过程。这种社会阶层的复杂化和多样化，构成了当代中国整个社会运行机制转化的一个重要组成部分。对新社会群体进行研究，必须将其放到这一历史发展过程的脉络中来考察。

本章第一部分首先描述新社会群体在中国的产生和发展历史；第二部分梳理对于新社会群体展开分析的理论分析维度；第三部分构建本研究的整体分析框架。

一　新社会群体的发展脉络

新社会群体概念的提出，是我们党坚持马克思主义的基本原理，与时俱进，正确判断我国社会经济的发展情况，从而对我国社会阶层问题进行深刻分析之后得出的科学结论。

改革开放以后，我国的阶级阶层结构发生了深刻变化，一方面是原有阶层内部的分化，如工人阶层在体制和收入方面的分化、农民群体在非农工作和职业的分化等；另一方面是大量新兴群体的出现（刘祖云，2000）。党的十一届三中全会以来，我国经济制度发生了重大变化，社会阶层构成也发生了重大变化。在农村，农民摆脱传统的农业经营，从事第二、三产业，成为乡镇企业职工、个体户、私营企业主等；在城市，有产者大量增加，外企中的管理人员和技术人员数量日益增多，社会中介组织从业人员不断增加，掌握高新技术的管理技术人员大规模出现。①

1991年7月，中央在批转中央统战部的文件中指出，对于新出现的私营企业主等新的社会阶层，不能将其和过去的工商业者进行简单类比，也不能使用以前的方法对待他们。这是首次在中央文件中出现"新的社会阶层"一词。

2001年，在庆祝中国共产党成立80周年大会上，江泽民同志第一次明确提出"新的社会阶层"。江泽民同志在讲话中指出，改革开放以来，我国的社会阶层构成发生了很大变化，出现了一些新的社会阶层人士，包括非公有制单位中的技术人员、管理人员、创业人员、个体户、私营企业主、中介组织从业人员、自由职业人员等。在报告中，江泽民同志称这些新型群体为"新的社会阶层"，并认为他们中的广大人员，都为中国的社会发展做出了自己的贡献，都应该被认为是社会主义的建设者。②"新的社会阶层"这一概念，第一次在国家层面的政策领域被正式提出，并明确说明了这一群体的重要地位和正面作用。

2002年11月，党的十六大报告进一步明确了上述新型群体都是社会主义事业的积极力量。需要指出的是，新的社会阶层这个提法，是一个笼统的称呼，是对新出现的六个社会阶层的统称，而不仅仅局限于某个特定的阶层。随着社会的进一步发展，会出现更多的新型群体，他们被纳入新的社会阶层这个范围之内。③

随着改革开放的发展，新的社会阶层在社会各个方面的影响力也在不断扩大，因此，党对这一群体的作用也越来越重视。2006年7月，在第20次全国统战工作会议形成的报告中，明确将新的社会阶层纳入全国的统战工作，提出要采用灵活手段，积极团结新的社会阶层人士，使他们凝聚在党和政府周围。随后的2007年10月十七大报告，也强调要"鼓励新的社

---

① 《正确认识在新的社会阶层中发展党员》，新华网，http://www.people.com.cn/GB/guandian/26/20010828/545415.html，最后访问日期：2020年1月19日。
② 《江泽民在庆祝建党八十周年大会上的讲话》，http://news.cntv.cn/china/20110630/106672.shtml，最后访问日期：2020年1月19日。
③ 《新的社会阶层提法的由来》，http://www.zytzb.gov.cn/tzgs/299906.jhtml，最后访问日期：2019年12月5日。

会阶层人士积极投身中国特色社会主义建设"。

2013年初，习近平同志在第十二届全国人民代表大会第一次会议上发表重要讲话，明确提出，新的社会阶层人士，要发挥自己的专业特长，要对社会和人民进行积极回馈，要做中国特色社会主义事业的建设者。①

2015年5月的中央统战工作会议，正式将"新的社会阶层人士"明确列为一类工作对象，并用专门的篇幅对这一对象的范围进行了详细界定。2015年发布的《中国共产党统一战线工作条例（试行）》，明确提出统战对象包括民主党派成员、无党派人士、党外知识分子、少数民族人士、宗教界人士、非公有制经济人士、新的社会阶层人士、出国和归国留学人员、香港同胞、澳门同胞、台湾同胞及其在大陆的亲属、华侨、归侨及侨眷、其他需要联系和团结的人员，正式将"新的社会阶层人士"作为统战工作12对象之一。

2017年2月23~24日，全国新的社会阶层人士统战工作会议在北京召开。会议指出，改革开放以来，我国的社会阶层发生了深刻变化，随着社会阶层的分化，出现了许多新的社会阶层人士。会议再次强调，新的社会阶层人士是建设中国特色社会主义事业的重要力量。会议还强调，要充分调动新的社会阶层人士参与各项社会主义事业的积极性，发挥他们的专业才能和聪明才智，为社会主义建设事业贡献力量。②

2018年11月28~29日，全国新的社会阶层人士统战工作经验交流座谈会暨实践创新基地建设中期推动会召开。会议指出，新的社会阶层人士的统战工作，具有重要意义，是新时代统一战线创新发展的需要，在接下来的工作中，需要团结更多新的社会阶层人士，引导他们积极投身新时代中国特色社会主义事业。

通过上述历史发展过程可以看出，我国的新的社会阶层人士是随着改革开放和社会主义市场经济发展新出现的社会群体。新的社会阶层人士是改革开放的强力推动者，在和谐社会构建中发挥积极作用，他们是创造和

---

① 《习近平：在第十二届全国人民代表大会第一次会议上的讲话》，http://www.xinhuanet.com//2013lh/2013-03/17/c_115055434_2.htm，最后访问日期：2019年11月29日。
② 《全国新的社会阶层人士统战工作会议在京召开 俞正声出席会议并讲话》，http://www.xinhuanet.com//politics/2017-02/24/c_1120526889.htm，最后访问日期：2019年11月29日。

谐社会物质基础的重要力量，也是维护社会和谐稳定、促进民主政治发展的积极力量（鲁锐，2011）。当代中国社会阶层关系呈现日益多样化、复杂化的趋势，在和谐社会的建设过程中，尤其需要新的社会阶层承担更多的责任，发挥更大作用。在和谐社会的建设过程中，需要正确认识和处理新的社会阶层与其他社会阶层的关系，引导他们为构建和谐社会服务（陈哲，2018）。

二 新社会群体的分析维度

学界关于新社会群体的分析，虽然已经出现了大量的成果，但是，从理论层面来看，对于这一群体的研究，尚没有独特的理论框架，而多数使用中产阶层的理论框架。因此，对于这一问题的思考，需要放到国内整个社会分层研究的理论脉络中，尤其是通过分析国内关于中产阶层的分析维度，构建关于新社会群体的分析维度。

自1978年以来，由于我国从计划经济向社会主义市场经济的转变，出现了新的社会结构。面对日益变化的社会结构，国内外不同专家试图结合西方社会分层和社会流动的经典研究，提出中国特色的社会分层结构。比较著名的社会分层框架有陆学艺提出的"十大阶层模型"、李强提出的倒丁字型结构和土字型结构、李路路提出的权威阶层体系、林宗弘和吴晓刚提出的新马克思主义取向的阶层模型、刘欣提出的以公共权力和市场能力为基础的城市阶层模型，等等。

陆学艺等学者认为，改革开放以来，中国的阶层差异化是由两个主要因素造成的：工业化和市场导向。改革开放之后的中国社会，已不能再完全根据生产资料的所有权来解释，传统的阶层划分方法需要进一步发展深化。改革开放之后，导致阶层分离的具体机制发生了变化，社会分工、权力等级、生产关系、制度隔离都导致社会阶层的分化。与此同时，对三种资源（组织、经济和文化）的占有情况，决定了社会群体在等级结构中的位置，以及个人复杂的社会和经济地位。在此基础上，陆学艺等将中国社会阶层划分为十大社会阶层（陆学艺，2004）。

李强利用"国际社会经济地位指数（ISEI）"分析了第五次全国人口普查的数据，将该行业转变为ISEI指标，并提出了中国社会结构的"倒丁字型"模型。倒丁字型社会结构模型显示，绝大多数人仍然处于非常低的社会分化水平。城市社会的阶层结构不同于农村社会的阶层结构，其中有明显的中间群体，而在农村地区则是主要由弱势群体组成的典型倒丁字型社会。第六次全国人口普查的数据显示，虽然我国已经从倒丁字型的社会结构转变为土字型的社会结构，但整体社会结构并未发生重大变化，仍然是有非常多的低社会阶层存在（李强，2004）。

李路路等人创建了一个基于财产和权威的层级结构。首先，基于财产的社会关系将人口描述为雇主、雇员和自雇人士，他们构成了现代社会的三个主要部分。其次，根据组织的权威结构，将工人群体按照四个标准重新分类（李路路、陈建伟、秦广强，2012）。

林宗弘和吴晓刚（2010）结合新马克思主义的制度理论和阶级分析，根据导致过渡时期中国不平等的重要制度因素，建立了基于生产资料所有权形式的中国阶层的新马克思主义分类：村干部、农民、集体干部、集体工人、国家干部、国有企业、新中产阶层、无产阶级、资本家和小资产阶级。

刘欣（2007）认为，对中产阶层的界定，应置之于社会整体阶层结构中进行。他从公共权力、资产控制权和技术资本这三个维度出发，划分出了当代中国城市阶层的17个位置，包含了新中产上层、新中产下层这两个中产阶层群体。

综上所述，关于中国社会分层标准已经有了大量的研究成果。社会阶层结构类型的变化取决于社会的经济发展和经济变革。无论是何种社会分层标准，社会阶层的核心内容都是社会资源和社会机会在不同社会群体中的分配方式，以及随之而来的资源配置方式的差异。从国内外对于中产阶层的研究来看，不同的研究者有不同的分析维度。而且，随着社会的发展，这些分析维度越来越精细化，在进一步的研究中，也必须采用一种综合的分析维度来建构理论分析的框架。因此，综合各个理论流派，本研究试图从下面几个维度对我国的新社会群体展开分析。

（一）经济维度

经济因素对于阶层分析具有最核心的意义。马克思认为，在资本主义社会中，资产阶级和无产阶级的划分，就是以生产资料为基础。韦伯也认为，阶级划分主要是考虑经济因素来进行划分的，更确切地说，是与市场存在相关的那些利益决定了阶级。因此，对于新社会群体的研究，首先要将经济维度纳入进来。经济维度进一步细分成多个不同的指标，在本研究中，这一维度重点考察工作情况、经济状况、住房情况三个方面。

（二）政治维度

中产阶层的政治功能，一直是学者们关注的重点。一部分学者认为，市场化有助于中国中产阶层的成长，中产阶层将成为推动中国民主发展的主导性力量（Tang, Woods, & Zhao, 2009）；而另外一些学者则对这一观点表示怀疑（迪克森、王瑾，2012）。国内一些研究认为，由于中国社会发展的特殊性，中产阶层与国家力量一直互相合作，在这一过程中，中产阶层表现出更多的与国家合作而非对抗的态度，中产阶层具有政治上的保守性（周晓虹，2010）。还有一些学者则否定了中产阶层社会稳定器的看法，认为中国中产阶层在政治态度上是冷漠的，而非保守的（张翼，2008）。李春玲发现，中产阶层既有保守主义的成分，也有自由主义的成分，这一群体内部存在着多种价值取向共存的情况，未来走向还存在一些不确定的因素（李春玲，2013）。关于这一维度的考察，本研究侧重于从政治参与和集体效能两个方面展开。

（三）社会维度

这一维度的考察，主要从社会融合、社交媒体使用、社会信心三个方面展开。

（1）社会融合。新社会群体很大一部分属于迁移群体，虽然他们拥有比较体面的工作、比较高的收入、比较全面的社会保障，但是不可否认的是，在现今中国的城乡二元体制下，由于他们的户籍并不在大城市，所以他们同样会面临很多问题，如子女上学问题、住房限购问题等。这些问题都阻碍了这一群体对于大城市的认同和融入。而社会融入的缺失，会导致这一群体的创造力下降、社会信心不足。

（2）社交媒体使用。在互联网技术快速发展的今天，社交媒体已经成为人们日常生活不可分割的一部分。尤其是年轻人，花费大量时间在各种社交媒体上，如社交网站、微博、微信、博客、论坛、播客。社交媒体已成为人们获取信息的重要渠道，也是最容易影响人们价值观的途径。

（3）社会信心。社会信心是指人们对未来的展望，是人们对国家的各个宏观层面进行综合判断之后，结合个体微观方面的主观感受进行综合判断，得出的对个人、国家、社会未来发展前景的总体看法和整体预期。

（四）价值观维度

面对20世纪欧美社会逐渐发展壮大的新中产阶层，新马克思主义认为，要解释当代资本主义的多维性社会的现状，需要从政治、经济和意识形态三个结构方面加以探讨（Jessop，1985）。因此，考察新社会群体的意识形态或者价值观，具有重要意义。这一维度，本研究主要侧重于婚姻观和家庭观。

（1）婚姻观。婚姻是人类最基本的社会关系之一，是构成家庭的前提条件。自改革开放以来，随着城市化和人口流动的迅速发展，不同地区之间的经济互动日渐频繁，不同地区居民之间的通婚现象也日益增多。进入21世纪，全球化进程加快，传统的"门当户对""男大当婚女大当嫁""男主外女主内"等婚恋观悄然发生变化。婚恋观的变迁在一定程度上可以预示出中国社会婚姻家庭的未来发展趋势，也会影响未来社会的整体发展。

（2）家庭观。家庭是人们基本的生活单位。家庭以婚姻关系为基础、血缘关系为纽带，是最基本的一种社会生活组织形式，是与个人关系最密切的社会组织，对人们的日常生活产生着深远的影响。了解新社会群体的家庭观念，对我们了解这个阶层的整体状况有很大的帮助。

（五）生活方式维度

布迪厄的分层理论，进一步区分出经济资本、文化资本和社会资本。经济资本主要表现为货币形式，文化资本主要表现为对于文化符号的掌控，社会资本则表现为对于各种制度化资源的掌握。布迪厄认为，生活方式在现代社会中具有重要的意义。不同社会阶层的人，可以通过个体的生活方式表现出来，尤其是现代社会的消费行为，就是用来区隔不同社会阶层的重要侧面（布尔迪厄，2015）。在这个意义上，生活方式的展现，具有重要的理论价值。在中国，尤其是大城市的人们，也越来越关注生活方式，同时也通过生活方式来标识自己的社会阶层属性。这一维度，本研究主要从生活方式和身心健康两个方面展开分析。

三 新社会群体的分析框架

现有的调查发现，新社会群体是一个非常特殊的群体，与以往的社会阶层和群体具有非常明显的不同。同时，新社会群体也是一个内部差异性和分化程度非常高的群体。因此，对新社会群体进行研究分析，需要从内外两个方面展开，既要比较新社会群体与其他群体的差异，也要看到新社会群体内部的极大差异性。

因为我们的数据是一个具有代表性的全样本数据，样本中不仅仅包括了新社会群体的样本，还包括了全部居民的代表性样本，因此，我们可以建立一个双重的比较框架：既可以比较新社会群体与其他群体的异同，也可以比较新社会群体内部的分化。基于此，本研究的完整分析框架如表 2-1 所示。

表 2-1 分析框架

比较维度	分析维度				
	经济维度	政治维度	社会维度	价值观维度	生活方式维度
新社会群体与其他群体的异同	工作情况 经济状况 住房情况	政治参与 集体效能	社会融入 社交媒体使用 社会信心	婚姻观 家庭观	生活方式 身心健康
新社会群体内部的分化					

第 3 章　数据

一　数据概况

进入 21 世纪之后，随着我国城市化的快速发展，城市地区的社会民生和基层治理问题日益重要。在这一背景下，上海大学"数据科学与都市研究中心"启动了"上海都市社区调查"（Shanghai Urban Neighborhood Survey，以下简称 SUNS）项目。SUNS 项目旨在打造一个以上海为主题的追踪调查数据库。从设计层面来看，SUNS 项目是一个包括社区、家庭、个人在内的多层次调查项目。社区层次搜集的信息包括社区空间、社区公共服务设施、社区人口构成、社区工作人员情况、社区资源特征、社区治理、社区社会组织、社区治理主体等方面；家庭层次的信息包括家庭人口构成、家庭住房、家庭财富、家庭社会经济活动、家庭成员关系、家庭生活方式等；个人层次的信息包括基本社会经济特征、工作、生活、健康、养老、社区活动等。这一项目试图构建一个包括城市民生状况、社区生活和基层治理的复合式图景。这一调查项目，是国内首个以城市为主题的追踪社会调查项目，为中国特色的城市研究提供了坚实的数据基础（吴晓刚、孙秀林，2017）。

截至 2019 年底，SUNS 项目已经完成了四期追踪调查：第一期"居村调查"（2015 年）、第二期"住户调查"（2017 年）、第三期"社区观察"（2018 年）、第四期"住户追踪"（2019 年）。

（1）居村调查：在全市 5732 居（村）委会中，按照 10% 的随机原则，抽取 540 个村居委会，调查社区内的各种活动主体，包括居（村）委员会、业委会、物业公司、社会组织等。

（2）住户调查：进一步选取对全市具有代表性的 180 个居（村）委员

会，每个居（村）委员会随机抽取30户居民，调查所有同住家庭成员。

（3）社区观察：对我们在"居村调查"和"住户调查"中涉及的全部居委会（430个）及其包含的所有小区（共1316个）进行了系统观察。

（4）住户追踪：对2017年进行调查的住户样本进行追踪调查，于2019年底完成。

二　数据说明

本书使用的数据主要来自2017年完成的"住户调查"。在2017年的调查中，根据科学抽样方法，设计家庭样本总量为5700户，但是由于受到实地调查中各种复杂情况的影响，2017年调查共完成有效家庭样本5102个。从样本分布情况（见表3-1）看，样本涵括上海市所有区县（调查设计之初，静安区与闸北区尚未合并，所以仍作为2个区进行设计；崇明县尚未撤县改区）。

表3-1　各区县家庭样本数分布状况

单位：户

区县	家庭户数	区县	家庭户数
徐汇区	293	静安区	115
浦东新区	769	闸北区	178
长宁区	280	普陀区	294
宝山区	260	闵行区	392
金山区	299	嘉定区	299
虹口区	214	松江区	281
杨浦区	275	青浦区	295
崇明县	298	奉贤区	289
黄浦区	271	合计	5102

将SUNS样本数据与上海市2010年普查数据和2015年小普查数据进行对比可以发现，从家庭规模、性别比例、户籍结构、年龄结构、学历结构等各个指标来看，SUNS调查数据与上海市2010年普查数据和2015年小普查数据都比较吻合，虽然有些指标存在一定的误差，但误差都在合理范围之内。这说明SUNS数据的质量非常稳定，对上海具有非常好的代表性

（孙秀林，2018）。

在 SUNS 项目实施过程中，社会学院有多位老师和同学参与了数据收集、资料整理、数据清理、数据分析等工作，在此表示衷心感谢。在本书写作过程中，得到了梁海祥、施润华、顾艳霞、蒋细斌、田祎雯等几位同学的大力协助，特别表示感谢。同时也感谢陈伟、顾诗颖、王群、熊末琼、肖亦宗、武海涛、叶锦涛、秦亚超、何松鸿、张瑶、朱敏芝、丁宁、赵林科、杨葳、尚进等同学在项目执行和本书写作过程中提供的帮助。

第4章 新社会群体描述

改革开放以后，我国原有的社会阶层结构开始向多元化方向发展和演变。在改革过程中，原有的社会结构不断发生变化，原有的社会阶层也在不断分化，一些新的社会阶层开始出现。从20世纪80年代中期开始，一些新的社会阶层，如私营企业主、个体工商户等开始出现。进入90年代之后，随着改革的进一步深化，人力资本的作用日益增强，专业技术人员的社会经济地位逐步上升，受雇于私营企业和外资企业的管理人员以及技术人员队伍越来越壮大，成为不可忽视的社会阶层。进入21世纪之后，随着互联网技术和知识密集型服务业的发展，通过提供知识性服务获得报酬的人员也成为社会经济发展的重要力量。这些从原有社会结构中不断分化出来的新社会群体，构成了中国社会极具活力的组成部分。这些新社会群体的出现深刻地改变了原有的社会阶层结构，也将对中国社会的未来发展产生深远影响。

本章第一部分对我们研究中所使用的"新社会群体"进行操作化界定；第二部分对新社会群体的构成进行初步描述。

一 新社会群体的界定

新的社会阶层人士是改革开放以来，随着我国社会结构的分化而发展起来的，他们是具有很强时代特色的群体，是一些新出现的社会群体的统称。统战部门认为，新的社会阶层人士主体是社会的精英群体，并列举了主要的四大群体：私营企业和外资企业的管理人员和技术人员、社会组织从业人员、自由职业人员、新媒体从业人员。廉思等对新的社会阶层人士进行观察后，概括了新社会阶层人士的十大特征，其中包括在年龄结构上以年轻人为主，经济地位上属于中等收入阶层，主要集中在大城市，职业构成上知识型、技能型特征明显，主要分布在"两新组织"，等等（廉思、冯丹，2016）。从上述界定可以看出，现有关于新社会群体的界定，虽然非常详细，但都带有比较强烈的描述性质，多数是使用列举法。对于学术分析而言，我们需要一个更加理论性的、具有一定抽象特点的界定。

对于新社会群体的界定，需要参考关于中产阶层的研究成果。纵观国内关于中产阶层的研究成果，虽然中产阶层已经成为学术界理论研究的一个热点，但对于这一群体的定义仍然存在巨大的争议（王建平，2005）。近年来，越来越多的学者认为这一概念的测量应该从多个维度入手。如刘精明认为，对于白领职业阶层的界定，主要考虑教育的分化，尤其是正规高等教育逐步强化的过程（刘精明，2001）。李春玲从职业、收入、消费及生活方式、主观认同这四个方面的标准建立了一个综合指标，只有同时满足职业中产、收入中产、消费中产和主观认同中产的，才算中产阶层（李春玲，2003）。刘毅也认为当前中国量度中产阶层的指标必须通过多个维度进行考察，并用收入、职业和消费作为中产阶层的判断标准（刘毅，2006）。李培林与张翼则从收入、教育和职业这三个维度，对中产阶层进行分层，按照是否满足这三个维度的条件，将中产阶层分为核心中产阶层、半核心中产、边缘中产阶层三个细分阶层（李培林、张翼，2008）。李强也主张以收入、教育、职业为标准，来确定当代中国的中产阶层，他认为中产阶层是收入小康、白领职业、高受教育程度的人群（李强，1997）。

根据国内学术界对于中产阶层研究的分类标准，以及现在国家政策关于新社会阶层的定义，我们可以发现，这一群体具有下面几个显著的特征：在非公有制部门工作、具有较高文化水平、从事非体力劳动、多数在新型产业部门。根据上述发现，在本研究中，我们将"新社会群体"操作化定义为：生活工作在体制之外的社会精英（包括政治、经济、文化等不同领域）。

二　新社会群体的构成

本研究使用的是"上海都市社区调查"（SUNS）2017 年的住户调查样本。更为重要的是，因为 SUNS 数据是一个对上海市所有常住居民具有代表性的样本,涵盖了所有社会阶层的不同人群。因此,在这个样本中,我们不但可以按照新社会群体的定义,界定出所研究的新社会群体样本,而且还可以将新社会群体与其他社会群体进行比较。

我国在社会转型过程中出现的新社会阶层引起了国内外众多研究者的关注。新的社会阶层人士是改革开放以来,伴随社会结构细分而逐步成长起来的一些新的社会群体的统称。根据前文对于中产阶层研究的综述,以及国家政策层面关于新社会阶层的定义,我们将"新社会群体"操作化定义为:生活、工作在体制之外的社会精英(包括政治、经济、文化等不同领域)。更进一步,在本研究中,我们将"新社会群体"操作化定义为下面两种类型:①在非公有制部门工作、大专以上文化水平、从事非体力劳动;②自雇者。

按照这个定义,我们在2017年的总样本中定义出1435位"新社会群体"人员。① 根据我们的调查样本总量(8640名成人+1159名在沪儿童),新社会群体人数占上海常住居民的比例为13.3%。

这个数字与已有的研究非常吻合。中国社会科学院发布的《2017社会蓝皮书》对我国新社会群体总人数进行了估计,通过调查样本对总体情况进行推算得知,北京、上海、广州新社会阶层人士规模分别为8.4%、14.8%、13.6%。② 根据上海市统战部的调研,上海新社会阶层人士总量约365万人,以中青年为主体,受教育程度和收入水平普遍较高,主要集中于"四新"经济领域。③ 将这个数字除以上海市2016年常住人口数2419万,可以算出统战部定义的新社会群体所占比例为15.1%。④

从上面的比较可以看出,根据我们这个定义,从总样本中界定出的新社会群体,从数量上来看,是非常合理的。

接下来,我们简单看一下这个群体的一些基本社会人口学特征。

(1)从年龄来看,新社会群体的平均年龄为35.7岁,是劳动力市场的主力,处于黄金年龄段。

---

① 在数据的使用过程中,由于不同的题目受访者回答不同,因此在基本数量上会有些许差异,此种差异控制在合理的范围内。
② http://news.sohu.com/20170108/n478078995.shtml.
③ http://sh.xinhuanet.com/2017-11/15/c_136752920.htm.
④ http://www.yinhang123.net/news/1017829.html.

（2）从性别情况来看，男女比例大致相当，男性占到55.86%，女性占到44.14%。

（3）从工作情况看，他们主要集中在民营企业（43.22%）和外资企业（23.42%），还有一部分是个体工商户（25.12%），民办企事业单位和其他领域的分别占到4.19%和4.05%。

（4）从雇佣身份上来说，新社会群体主要由雇员（66.9%）、非体力自雇工作者（19.6%）和雇主（12%）组成。

（5）从职业类别来看，从事商业、服务业的人员比例最高，达到40.38%；其次是专业技术人员，比例为33.14%；办事人员和有关人员的比例为15.33%。由于新社会群体的工作很多属于新业态、新模式、新职业，有4.68%的受访者是不便分类的其他从业人员。还有3.62%的新社会群体属于掌握一定权力资源的企业负责人。可见，新社会群体主要是提供专业服务的人员。

（6）从行业分布上来说，新社会群体主要分布在制造业（16.39%），信息传输、软件和信息技术服务业（14.53%），批发和零售业（13.1%）和金融业（8.16%）等。还有一部分集中在建筑业（7.3%），租赁和商务服务业（7.3%），文化体育娱乐业（4.87%），住宿和餐饮业（4.8%），交通运输、仓储和邮政业（4.37%）、居民服务、修理和其他服务业（3.72%）。还有少量的分布在科学研究和技术服务业（3.72%），教育业（5.65%），房地产业（2.58%）和卫生、社会工作行业（2.58%）。

（7）从婚姻状况看，本次调查的上海市新社会群体中，未婚者占总数的24.56%，已婚者占总数的70.09%，其他为同居（从未结婚）者、离婚者、丧偶者。由此可见，已婚和未婚是新社会群体的两大主要婚姻状态，离婚者比例和同居比例都是比较低的，当然这种婚姻结构与新社会群体的年龄结构是密不可分的。

（8）从户籍情况看，新社会群体中沪籍和非沪籍人数基本持平。在接受调查的新社会群体中有49.40%的人拥有上海户籍，50.46%的人为外省户籍，0.14%的人为外籍（含港澳台）人员。相比全市外来人口的比例，新社会群体的外来人口比例偏高。

第 5 章 就业与工作

新社会群体的出现与我国社会变迁的大背景紧密相关。改革开放以来，我国社会结构发生了深刻变化，社会阶层状态也发生了深刻变化。原有的比较单一的社会阶层不断分化重组，各种新型社会群体不断出现（陆学艺，2003）。首先，非公有制经济快速发展，吸引了一批人进入非公有制经济领域工作；其次，随着社会的劳动分工日益精细，各种提供信息的中介服务（就业、信息、咨询、广告、劳务、公关、家政、房地产等）组织及从业人员数量极速增加；再次，新技术快速发展，就业结构快速变迁，涌现了许多新兴职业群体。在这股大潮中，新社会群体孕育而生，成为时代变化的产物（中共中央统战部研究室，2006）。因此，了解这一群体的就业状况，对于理解我国社会结构的变迁具有重要价值。

一 新社会群体的就业状况

按照刘易斯的二元就业结构理论，发展中国家的经济结构中普遍存在着二元结构，这种二元性主要表现在两个不同的经济部门——传统部门与现代部门（Lewis，1954）。新社会群体的产生和发展，与这种二元经济结构的互相转化紧密相连，他们也主要是从传统部门向现代部门转换，并逐渐成为现代部门的主力。20世纪中期以后，劳动力市场分割理论得到迅速发展（麦克南、布鲁、麦克菲逊，2006）。这种市场模型认为可以把劳动力市场分为"一级市场"和"二级市场"。一般而言，在"一级市场"就业的群体收入水平比较高，就业状况和劳动关系更加稳定，工作条件和环境也更加舒适，拥有更多的培训机会以及发展晋升空间，拥有更多的机会获得较高的社会地位。"二级市场"的劳动群体收入偏低，工作环境和工作条件相对恶劣，工作的稳定性不够，其发展和提升空间相对不足，也缺乏社会保障。

　　劳动力市场分割理论中的两级市场分析视角，与我们所讨论的新社会群体的工作属性是一致的。新社会群体的工作性质既包括了正规就业市场的"一级市场"，也大量存在非正规就业市场的"二级市场"。虽然这一问题随着改革开放与户籍制度逐步放开而有所改善，但在城市中正规就业与非正规就业市场的分割问题依然存在。由于自身的特点与历史改革等制度因素的影响，非正规就业群体的社会保障问题较为严重。

　　从调查数据来看，新社会群体的平均年龄为35.7岁，处于黄金年龄段，是劳动力市场的主力。他们主要集中在民营企业（43.22%）和外资企业（23.42%），还有一部分是个体工商户（19.23%）和个体生意者（无营业执照，5.89%），民办企事业单位和其他领域的分别占到4.19%和4.05%。

　　新社会群体包含了雇员和自由职业者两大群体。从雇佣身份上来说，新社会群体主要由雇员（66.9%）、非体力自雇者（19.6%）和雇主（12%）组成。体力自雇者只占0.85%，其他占0.5%。

　　从职业类别来看，商业、服务业人员的比例最高，达到40.38%；其次是专业技术人员，比例为33.14%；办事人员和有关人员的比例为15.33%。由于新社会群体的工作很多属于新业态、新模式、新职业，有4.68%的受访者是不便分类的其他从业人员，还有3.62%的新社会群体属于掌握一定权力资源的企业负责人。可见，新社会群体主要是由提供专业服务的人员组成。

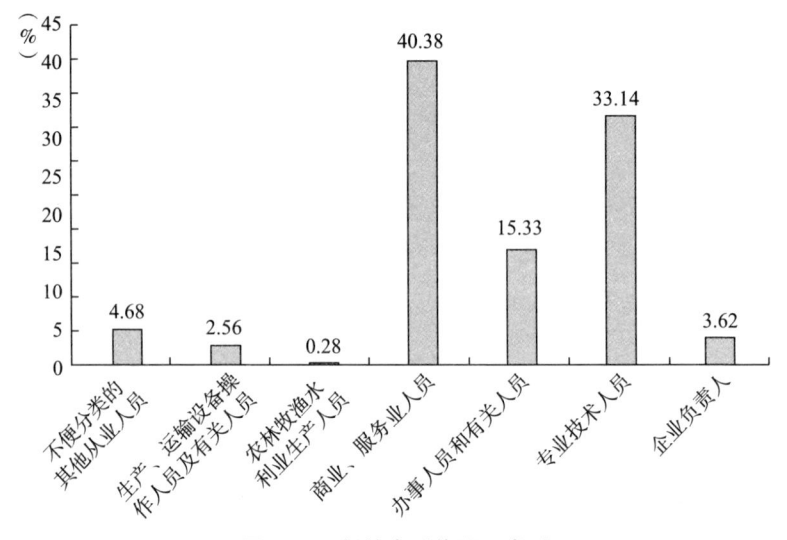

图 5-1　新社会群体职业类别

从行业分布上来说，新社会群体主要分布在制造业（16.39%），信息传输、软件和信息技术服务业（14.53%），批发和零售业（13.1%）和金融业（8.16%）等。还有一部分集中在建筑业（7.3%），租赁和商务服务业（7.3%），文化、体育和娱乐业（4.87%），住宿和餐饮业（4.8%），交通运输、仓储和邮政业（4.37%），居民服务、修理和其他服务业（3.72%）。还有少量分布在科学研究和技术服务业（3.72%），教育（2.65%），房地产业（2.58%）和卫生、社会工作（2.58%）。

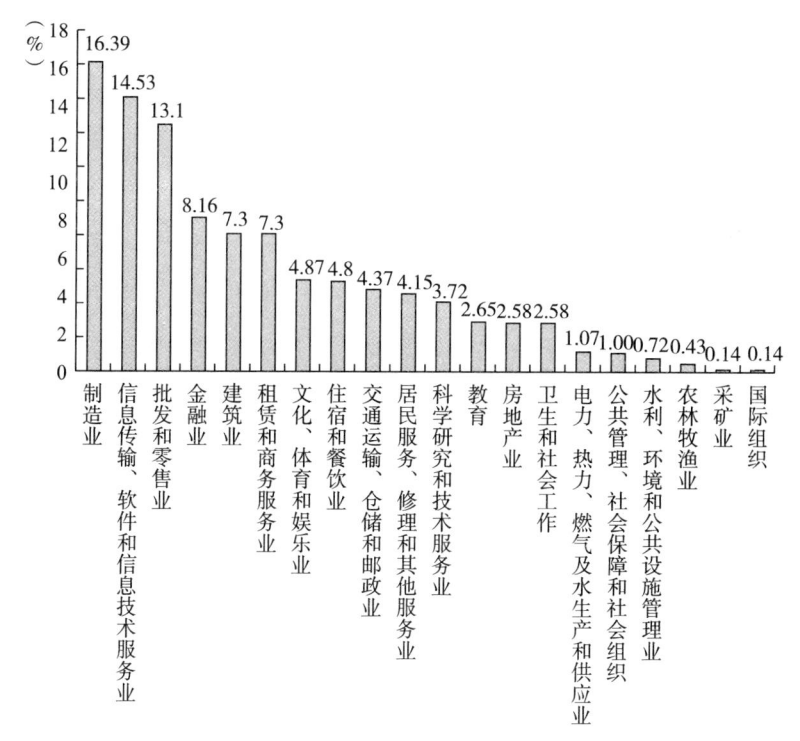

图 5-2　新社会群体行业分布

新社会群体工作时间短但薪水较高。新社会群体每周实际平均工作时间为 45 小时，低于社会平均值 47.3 小时。同时，新社会群体的收入远远高于社会平均值，[①] 前者为 11445.1 元，后者仅为 6820.3 元。

新社会群体工作满意度较高，但缺乏稳定性。新社会群体对工作的满意度（57.50%）相对高于社会平均水平（51.72%）。

---

① 根据调查样本中计算的上海全部劳动力的平均指标。本章下同。

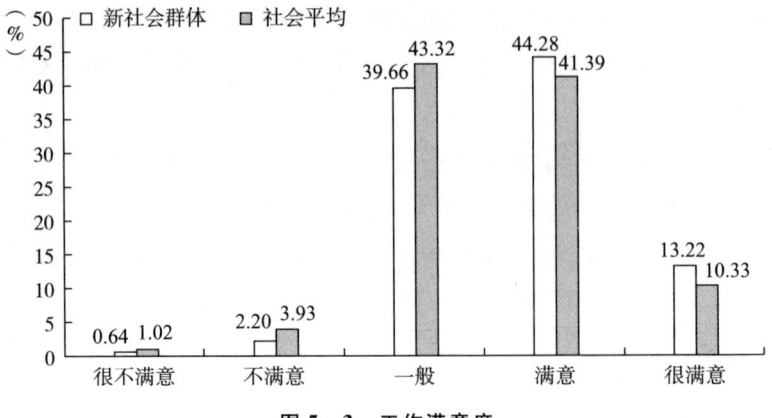

图 5-3 工作满意度

但数据同样显示，新社会群体更换工作或跳槽的意愿要高于社会平均值，前者的比例为28.84%，后者的比例为25.86%。

新社会群体聚居于中心城区和近郊，但通勤时间更久。和社会平均值相比，有78.99%的新社会群体居住在中心城区和近郊（其中中心城区占40.31%，近郊占38.68%），而社会平均值的比例仅为69.01%（其中中心城区占32.98%，近郊占36.03%）。

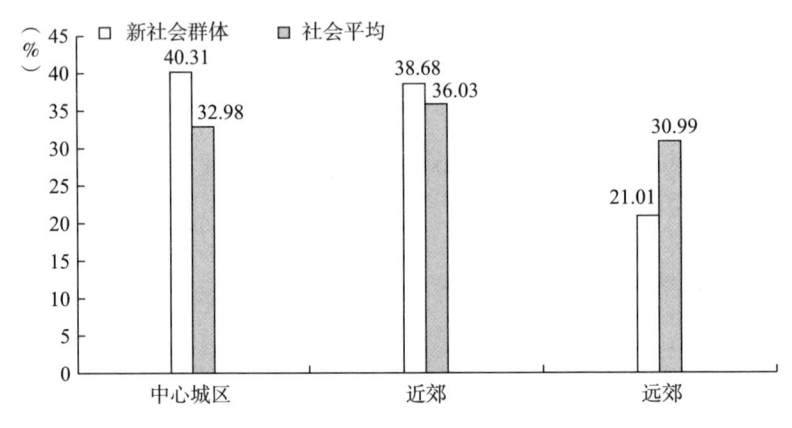

图 5-4 居住空间分布

数据表明，新社会群体平均每天通勤时间为41.8分钟，略高于社会平均值37.3分钟。这表明新社会群体住得离工作地点更远一些。

新社会群体专业技术能力相对不足，提升职业能力的机会较多但层次不高。调查结果显示，64.56%的新社会群体没有技术职称，11.96%拥有初级职称，16.87%拥有中级职称，拥有高级职称的比例仅为6.62%。这表明整个新社会群体的专业化程度还处于较低水平。

调查结果同样显示，大部分新社会群体接受过职业技能培训，但绝大多数的培训没有国家或行业认可的职业资格证书。

新社会群体的工作融合情况不太乐观。上海出生的新社会群体主要偏向于在当地人较多的单位上班，而非上海出生的则偏向于在外地人较多的单位上班。上海出生的新社会群体同事全部是当地人的比例为6.96%，大多数是当地人的比例为29.12%。而非上海出生的新社会群体同事大多数是外地人的比例为44.93%，全部是外地人的比例为4.53%。

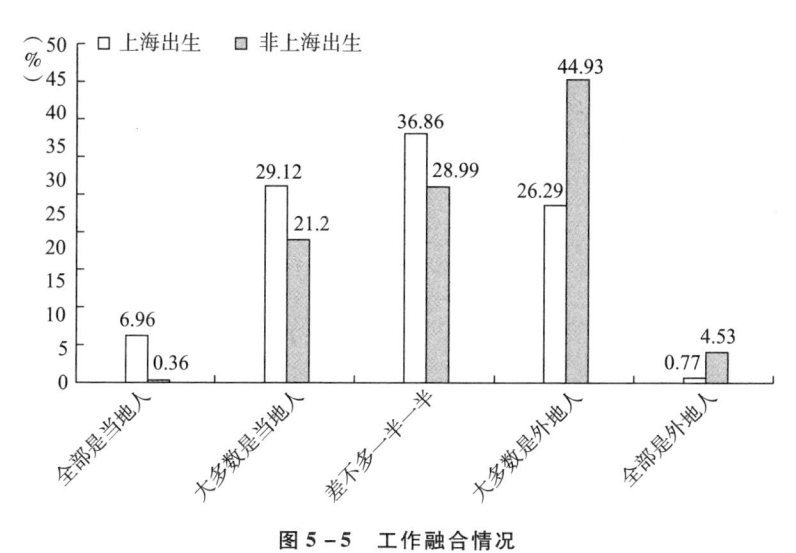

图 5-5 工作融合情况

二 新社会群体就业的分化

（一）受教育程度分化

高学历给新社会群体带来高回报。数据显示，新社会群体中，大专以下学历的平均工资为9430.4元，大专学历的平均工资为8759.4元，本科学历的平均工资为11982.9元，研究生学历的平均工资为23496.2元。对新社会群体来说，受教育程度可以显著地提高收入水平。

新社会群体的工作时间呈现分化态势。大专以下学历的新社会群体的每周实际工作时间最长，达到52.7小时；其次是研究生学历的工作时间为44.1小时；大专和本科学历的实际工作时间分别为43.4小时和42.7小时。

在工作满意度方面，学历越高对于工作的不满意程度越低。数据显示，有4.71%的大专以下学历的新社会群体不满意自己的工作，大专学历的不满意比例为2.70%，本科学历的比例为2.53%，研究生学历的不满意比例最低，仅为0.75%。

学历越高拥有越多的技能培训机会，技术职称也呈现明显分化。通过分析新社会群体的技能培训机会，我们发现有70.18%的研究生学历的有职业技能培训机会，高于本科学历的62.08%和大专学历的58.05%。数据同样表明，大专以下学历的新社会群体大多数没有或仅仅是有初级技术职称（没有技术职称的比例为78.06%，有初级职称的比例为10.94%）。大专学历的有52.78%没有技术职称，初级和中级职称的比例分别仅有16.83%和22.82%。本科学历的高级职称的比例相对有所增加，高级的为9.73%，中级的达到22.46%。研究生学历的高级和中级的比例均有显著增加，高级的为14.54%，中级的为25.99%。

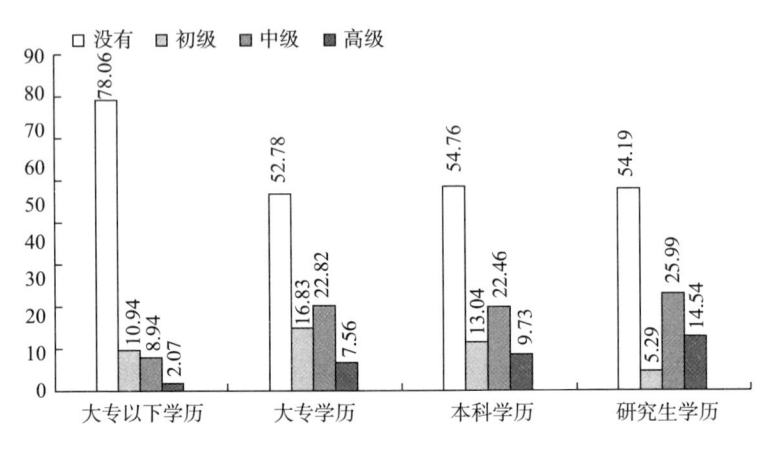

图 5-6 受教育程度与技术职称

学历越高，工作越不稳定、流动性越高。研究生学历的新社会群体中，有31.72%的人有跳槽的意愿，本科学历的比例为29.06%，大专学历的比例为28%，大专以下学历的比例为23.89%。这反映出受教育程度越高的群体中有更多的人有跳槽意愿。

（二）性别分化

新社会群体的工作时间存在性别差异。数据表明，新社会群体中男性每周平均工作46.4小时，女性工作43.2小时。男性比女性工作时间更久。

与此同时，男性的收入接近女性的2倍。男性平均每月收入为14126.3元，而女性平均每月收入为7872元。

同时，男性比女性有着更多的职业培训机会。新社会群体中有64.98%的男性接受过职业技能培训，而女性的这一比例仅为58.12%。

对于工作的满意度，男性有着更多的不满意比例。男性新社会群体对工作很不满意的比例为0.64%，不满意的比例为3.05%；女性对工作很不满意的比例为0.64%，不满意的比例为1.13%。

有意思的是，虽然男性表达对工作不满意的比例较多，但更多比例的女性有着跳槽意愿，有30.60%的女性表示有跳槽或更换工作的意愿，而男性的这一比例为27.45%。

（三）户籍分化

在上海工作的新社会群体，当地人和外地人各半。在接受访问的新社会群体中，有49.40%的受访者是上海户籍，有50.46%的受访者是外地户籍，外籍（含中国港澳台）人士占到0.14%。

从收入来看，外籍人士的平均工资最高，达到16000元，本地户籍和外地户籍的平均工资大致相当，分别为11145元和11718元。

在工作时间方面，外地户籍的新社会群体工作时间最长，每周平均工作时间达到48.6小时，当地户籍的每周平均工作时间为41.2小时。外籍人士的工作时间最少，为40小时。

对于工作的满意度，外地户籍不满意的比例为2.45%（很不满意的比例为1.01%，不满意的比例为1.44%），当地户籍不满意的比例为3.24%（很不满意的0.28%，不满意的比例为2.96%）。外籍人士对工作的满意度较高，没有对工作表示不满意的。

新社会群体中，外地户籍离职意愿（29.15%）相对于当地户籍（28.45%）的比例更高一些。外籍人士的离职意愿则为50.00%。

三　小　结

中国改革开放的过程也是全社会利益格局调整的过程，其中，阶层利益是最重要的组成部分。随着改革开放达到新的高度,一批体制外的新社会群体应运而生。伴随经济增长而成长起来的新社会群体将逐渐成长,包括职业地位、社会声望、收入、财产、社会影响力等,都达到了一定高度,独立性日益增强。他们会对成长环境提出更多、更高的要求,也具有越来越大的影响力。

本章围绕新社会群体的就业展开分析,发现新社会群体活跃于体制外的各个领域,是劳动力市场的重要组成部分。雇员是新社会群体主要的就业形式,主要分布于商业、服务业等。总体来看,新社会群体的工作状况和条件相对较好,工作时间短但拥有高薪、具有更多的职业发展空间。与此同时,新社会群体的工作相对缺乏稳定性,其学历结构层次仍需进一步提升。新社会群体中研究生学历的仅为9.58%,本科生为39.25%,大专学历的为31.51%,大专以下学历的有19.66%。从新社会群体从事的工作性质来看,他们有很大比例从事商业、服务业,在提供高层次专业技能和管理服务的比例上还有待进一步提升。

此外,与上海的产业发展结构相比较,新社会群体的职业构成还不是很协调。上海未来要成为卓越的全球城市,从产业结构来看,新一代信息技术、智能制造装备、生物医药与高端医疗器械、新能源与智能网联汽车、航空航天、海洋工程装备、高端能源装备、新材料、节能环保以及现代服务业等是未来的发展重点。但调查发现,一定数量的新社会群体依然分布在建筑业、批发和零售业、居民服务、修理和其他服务业等行业。同时,调查也反映出新社会群体专业技术能力相对不足,虽然其提升职业能力的机会较多,但培训层次普遍不高。这些都不利于新社会群体充分发挥其在上海创新转型中的积极作用。

最后,我们还发现新社会群体内部存在非常明显的分化,这在性别、户籍、受教育程度和工作机构性质等方面都有不同程度的体现。同样的制度环境下,新社会群体本身会因为身份的差异而产生分化。因此,只有深入了解和分析新社会群体的特性与特点,因势利导,才能更好地引导新社会群体参与各项社会事业,更好地发挥积极作用。

第6章 经济状况

近年来,城市生活压力问题日益受到媒体和学者的关注。在我国现阶段的发展过程中,社会快速转型给城市居民带来巨大的生活压力和心理压力,尤其是在上海这样的特大城市,生活在其中的人压力更大。高房价、高竞争的工作、拥挤的生活环境,都给都市中的人们造成了巨大压力。近年来,不断有"逃离北上广"的新闻报道,体现了人们对城市生活压力的反抗。城市生活压力来自各个方面,但其中最主要的还是经济方面的压力。人们生活压力的最大因素来自经济收入与生活成本的不匹配,因此,本章重点考察新社会群体的经济收入情况。

本章重点从工作收入、家庭金融、社会保障三个方面来考察新社会群体的经济状况。

一 工作收入

一般说来,新社会群体的收入属于中高层。对全国几个大城市新社会阶层人士的研究发现,新社会阶层主要分布在"两新组织"(新经济组织和新社会组织)中,从第一、二、三产业来看,他们多数在第三产业从事服务工作,在经济地位上属于中等收入阶层,但收入分化比较明显(廉思、冯丹,2016)。调查数据显示,上海新社会阶层人士收入水平较高,2014年上海新社会阶层人士家庭年均收入为236578元,其中,家庭年均工资性收入为192431.6元,经营性收入为20867.65元,财产性收入为5235.29元(张海东、陈群民、李显波,2017)。

在调查中,我们仔细询问了被访者的工作收入情况,包括工资、补贴、奖金、提成等所有工作收入,然后统一计算为工作收入。

我们的调查数据显示,上海市新社会群体的平均月收入为11479元,是全体上海居民平均月收入（5154 元）的 2 倍多。这说明，上海的新社会群体确实是一个中高层的收入群体。

如果只计算新社会群体之外的上海居民平均月收入（3888 元），则新社会群体的相对收入显得更高。

（一）性别差异

世界各国的经验数据显示，在收入分配上，存在明显的性别差异。从上海市新社会群体的情况来看，这种差别依然存在。在新社会群体中，男性的平均月收入（13977 元）比女性的平均月收入（8271 元）高出近 70%。这说明在上海的新社会群体中，仍然存在明显的收入性别差异。

（二）代际差异

从年龄结构来看，不同年龄段的人，收入存在明显的差异。1990 年代出生的平均月收入为 6815 元，明显低于 1980 年代（13141 元）和 1970 年代（12015 元）。其中 1980 年代出生的新社会群体是收入最高的。

（三）教育差异

从受教育程度来看，本科及以上学历的新社会群体，其平均月收入（14332 元）明显高于其他受教育程度群体，说明上海市新社会群体的工作收入和学历紧密相关。

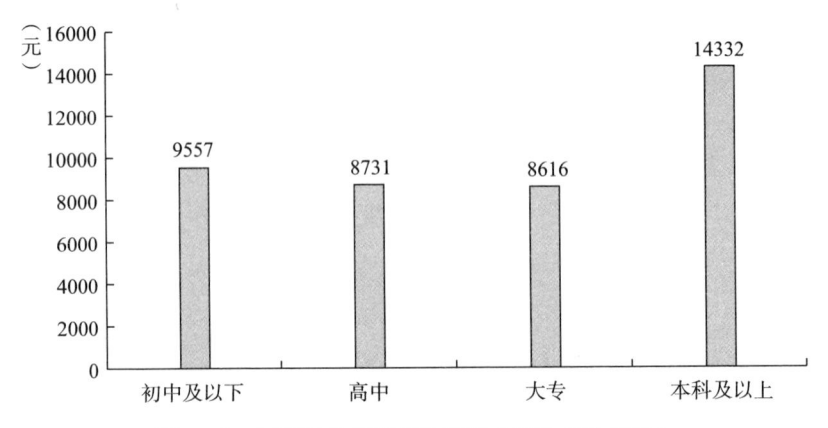

图 6-1 不同受教育程度的新社会群体平均月收入

(四) 工作单位性质差异

从不同工作单位性质来看，在民企和外企工作的新社会群体，其收入（分别为 12538 元和 13477 元）明显高于在私企中工作的新社会群体（8535 元）。这种情况说明，在上海存在比较明显的工作区隔，在外企工作的新社会群体收入最高，在私企工作的收入较低。

可见，上海的新社会群体是一个中高层的收入群体，新社会群体的平均月收入远远超过上海居民的水平。同时，在新社会群体内部，存在明显的收入水平差异，不同性别、年龄、受教育程度、工作单位等，都会导致工作收入的不同。

二 家庭金融

金融产品，又称金融资产或者家庭理财等，指资金融通过程的各种载体，主要包括汇票、股票、期货、债券等。在现代城市家庭，很多家庭持有各种金融产品。随着家庭收入和财富的增长，以及现代市场的各种不确定性越来越大，家庭金融变得越来越受现代人的重视了。随着城市居民尤其是中产阶层经济能力的提高和经济意识的觉醒，"投资""理财"等概念成为日常生活中不可或缺的一部分。

在调查中，我们询问了被访者家庭金融持有情况，包括"余额宝"等货币基金。从被访者家庭金融产品持有情况来看，新社会阶层持有股票、基金、债券、投资型保险的比例（分别为 35.05%、31.85%、5.02%、17.21%），远远高于其他社会群体（持有比例分别为 21.14%、12.46%、2.51%、8.56%），说明新社会阶层明显具有更强的家庭理财观念。

(一) 性别差异

从不同性别来看，新社会群体持有金融产品的比例差别不大。在股票、债券、投资型保险几个项目上，男性稍微高于女性；在基金持有方面，女性比男性稍高。但总体差别很小。

(二) 代际差异

从股票持有情况看，年龄越大，持有股票的比例越高。20 世纪 70 年代出生的新社会群体持有股票的比例超过40%，80年代的为35.56%，90年代的比例不到20%。从基金持有比例来看，年龄越小，持有基金的比例越高。70年代出生的新社会群体持有基金的比例不到25%，80年代和90年代的持有基金的比例超过了35%。从债券持有情况看，年龄越大，持有债券的比例越高。70年代、80年代、90年代出生的新社会群体持有债券的比例依次为6.62%、4.57%、2.88%。从投资型保险来看，年龄越大，持有投资型保险的比例越高。70年代、80年代、90年代出生的新社会群体持有投资型保险的比例依次为18.57%、18.43%、11.87%。

综合来看，不同出生年代的新社会群体在金融产品持有方面差异较大，体现了不同世代具有明显不同的理财观念。年龄越大，越倾向于持有股票、债券、投资型保险；而年轻人则更倾向于持有基金。

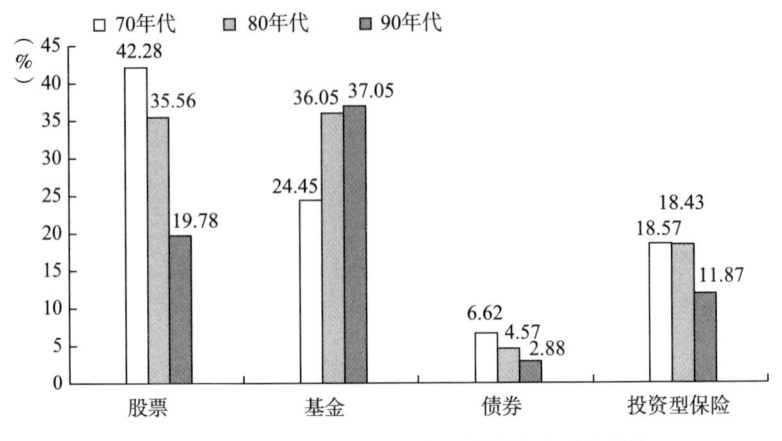

图6－2　不同出生年代的新社会群体持有金融产品情况

（三）教育差异

随着受教育程度的提高，持有股票、基金、债券、投资型保险的新社会群体的比例都在逐步上升。这说明，新社会群体的受教育程度越高，持有家庭金融产品的比例越高。

（四）户籍差异

不同户籍情况的新社会群体，具有不同的家庭金融产品持有比例。上海人和新上海人在持有各项家庭金融产品方面，差别不大；但非上海户籍的新社会群体，则表现出明显不同的模式。比较而言，非上海户籍的新社会群体，具有更高的基金持有比例，具有更低的股票、债券、投资型保险的持有比例。

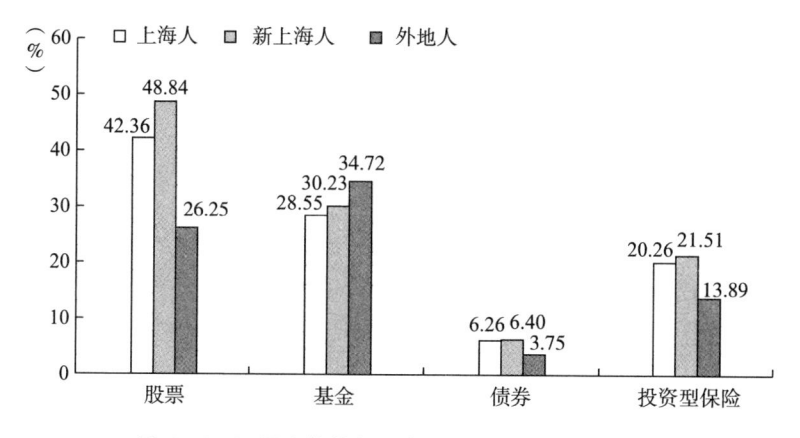

	上海人	新上海人	外地人
股票	42.36	48.84	26.25
基金	28.55	30.23	34.72
债券	6.26	6.40	3.75
投资型保险	20.26	21.51	13.89

图 6-3 不同户籍的新社会群体持有金融产品情况

说明：上海人指出生在上海、户籍也在上海的人；新上海人指出生地不在上海、户籍在上海的人；外地人指户籍不在上海的人。

（五）工作单位性质差异

不同工作单位性质的新社会群体，也有不同的家庭金融产品持有比例。在民企和外企的新社会群体，持有家庭金融产品的结构差别不大，而从事个体工作的新社会群体则具有明显更低的家庭金融产品持有比例。

从事个体工作的新社会群体持有股票的比例为23.28%，明显低于在民企和外企工作的新社会群体（持有比例分别为40.27%和39.70%）。从事个体工作的新社会群体持有基金的比例为21.08%，明显低于在民企和外企工作的新社会群体（持有比例分别为35.63%和38.48%）。从事个体工作的新社会群体持有债券的比例为2.94%，明显低于在民企和外企工作的新社会群体（持有比例分别为5.24%和6.67%）。从事个体工作的新社会群体持有投资型保险的比例为12.01%，明显低于在民企和外企工作的新社会群体（持有比例分别为17.37%和22.73%）。

可见，新社会群体具有明显更强的家庭理财观念。从家庭金融产品持有情况来看，新社会群体持有股票、基金、债券、投资型保险的比例远远

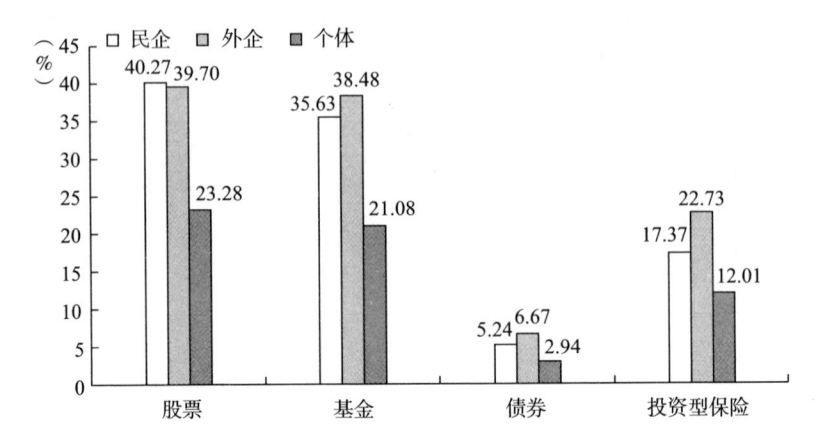

图 6-4 不同单位性质的新社会群体持有家庭金融产品情况

高于其他社会群体。

但新社会群体内部存在非常明显的差异。不同年龄段、不同受教育程度、不同户籍、不同工作单位，其持有家庭金融产品的结构是不同的；年龄越大，越倾向于持有股票、债券、投资型保险，而年轻人则更倾向于持有基金；受教育程度越高，持有家庭金融产品的比例越高；上海人和新上海人在持有各项家庭金融产品方面，差别不大；但非上海户籍的新社会群体，则表现出明显不同的模式；在民企和外企上班的新社会群体，持有家庭金融产品的结构差别不大，而从事个体工作的新社会群体，则具有明显更低的家庭金融产品持有比例。

三 社会保障

现代社会是一个风险社会。社会保障制度，就是为了防范社会风险而进行的各种制度设计。我国的社会保障制度，设计之初主要考虑了在岗职工。近年来，非正规就业群体参加社会保障的有关政策不断出台。然而在非正规就业群体的社会保障上，法律法规仍然存在短板。新社会群体恰恰大量集中在非正规就业中。新社会群体的很大一部分是城市新移民，且多分布在非公经济领域，他们的工作性质不乏非正式就业，对他们的社会保障状况进行分析对理解新社会群体具有重要意义（郑功成，2003）。

表 6-1 社会保障情况

单位：%

	其他社会群体	新社会群体	总计
基本医疗保险	77.04	86.99	79.95
单位补充医疗保险	47.66	41.84	45.79
社会基本养老保险	72.07	84.73	75.78
单位补充养老保险	33.06	31.27	32.53
失业保险	49.77	74.42	57.06
住房公积金	43.45	69.74	51.24
单位补充住房公积金	48.34	35.58	43.20

我们在问卷中针对社会保障情况专门设计问题进行询问，结果显示，新社会群体中，基本医疗保险的参保率为86.99%，单位补充医疗保险的参保率为41.84%，社会基本养老保险的参保率为84.73%，单位补充养老保险的参保率为31.27%。失业保险的参保率为74.42%，住房公积金的参保率为69.74%，单位补充住房公积金的参保率为35.58%。整体来看，新社会群体基本医疗保险和社会基本养老保险的参保情况较好，但失业保险和住房公积金的参保情况则不太乐观。此外，单位补充医疗保险、单位补充养老保险和单位补充住房公积金的比例也处于相对较低水平。

（一）工作单位性质

从新社会群体的工作单位性质来看，外资企业的整体参保率高于民营企业和个体工商户，个体工商户的各项参保率最低。

外资企业的新社会群体中，有96.05%的被访者参加了社会基本医疗保险，有51.78%的被访者参加了单位补充医疗保险；有96.04%的被访者参加了社会基本养老保险，有38.02%的被访者参加了单位补充养老保险；有92.99%的被访者有住房公积金，有38.00%的被访者有单位补充住房公积金；还有92.33%的被访者参加失业保险。

民营企业中基本医疗保险的参保率为92.84%，单位补充医疗保险的参保率为40.07%；社会基本养老保险的参保率为96.04%，单位补充养老保险的参保率为33.18%；住房公积金的参与比例为78.77%，单位补充住房公积金的参与比例为34.13%。

个体工商户自行参加基本医疗保险和单位补充医疗保险的比例分别只有66.77%和28.72%；参与社会基本养老保险和单位补充养老保险的比例分别为63.77%和17.39%；缴纳住房公积金和单位补充住房公积金的比例分别为27.81%和30.86%；失业保险的参保比例仅为39.25%。由此可见，个体工商户的社会保障情况不容乐观。

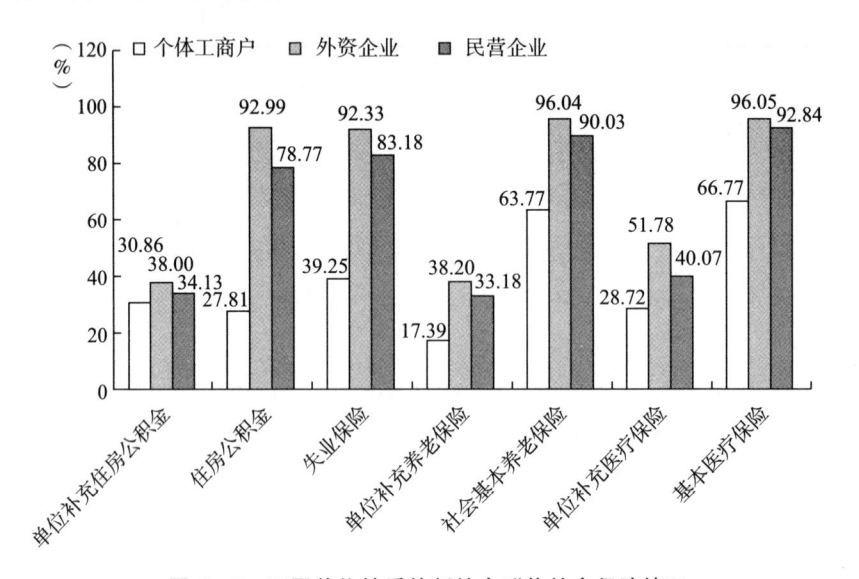

图6-5 不同单位性质的新社会群体社会保障情况

（二）性别

从性别来看，女性在基本医疗保险、基本社会养老保险、失业保险和住房公积金方面保障程度更高，但男性在单位补充医疗保险、单位补充养老保险和单位补充住房公积金上保障程度更高。

数据显示，女性基本医疗保险的参保比例为87.81%，高于男性的86.46%。女性基本社会养老保险的参保率为85.76%，高于男性的83.94%。女性失业保险的参保比例为77.27%，而男性为72.23%。住房公积金女性的参保率为73.08%，高于男性的67.42%。

男性单位补充医疗保险的参保率为42.50%，高于女性的40.31%；男性单位补充养老保险的参保率为32.38%，女性的比例为28.79%。单位补充住房公积金男性的参保率为38.09%，而只有31.86%的女性拥有单位补充住房公积金。

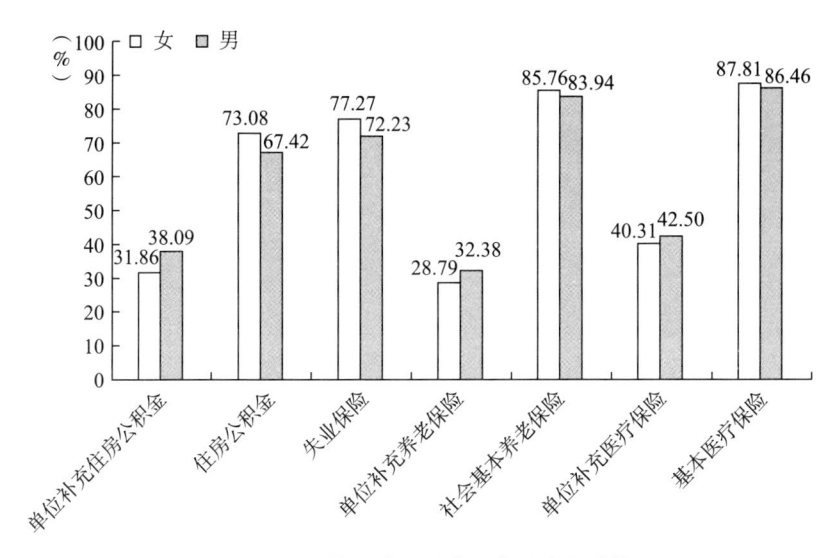

图 6-6 不同性别的新社会群体社会保障情况

(三) 户籍

从户籍来看，上海户籍的新社会群体总体保障情况比外地户籍的要好。除了补充医疗保险和补充住房公积金外，其余各项保险的参保率上海户籍的比例都更高。

社会基本医疗保险，上海户籍的参保率为92.33%，外地户籍的为81.87%。社会基本养老保险，上海户籍的比例为90.98%，外地户籍的比例仅为78.61%。失业保险，上海户籍的比例为83.36%，远高于外地户籍的65.58%。住房公积金，上海户籍的比例为78.6%，外地户籍的则为61.21%。

与此相对，外地户籍对住房和医疗有着更多的焦虑与需求，所以单位补充住房公积金和单位补充医疗保险的参保率相对于上海户籍的新社会群体参与比例更高。单位补充医疗保险外地户籍的参保率为44.57%，高于上海户籍的38.65%。单位补充住房公积金外地户籍的参保率为39.65%，而上海户籍的比例仅为31.66%。

可见，相比其他群体，新社会群体的医疗保险和养老保险的参保情况相对较好，但失业保险和住房公积金的参保情况则不容乐观。此外，单位补充医疗保险、单位补充养老保险和单位补充住房公积金的参保比例也处

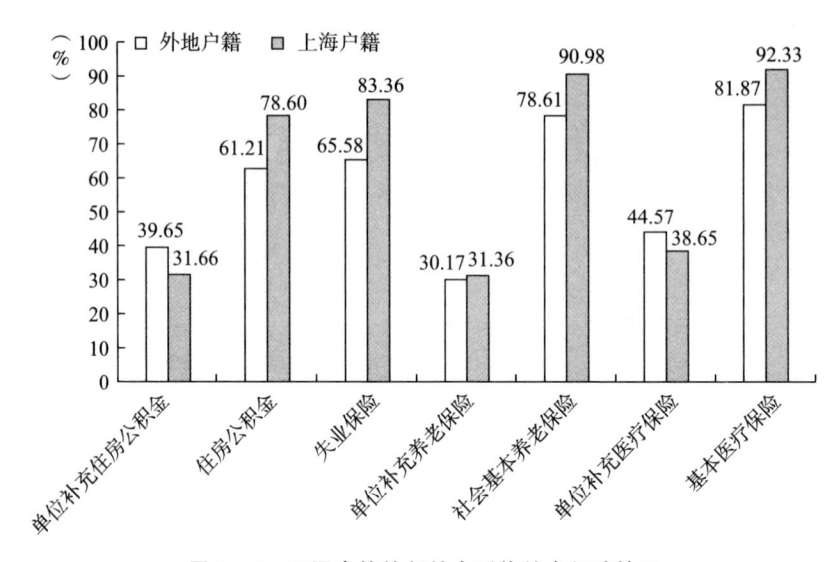

图中数据(外地户籍 vs 上海户籍)：
- 单位补充住房公积金：39.65 / 31.66
- 住房公积金：61.21 / 78.60
- 失业保险：65.58 / 83.36
- 单位补充养老保险：30.17 / 31.36
- 社会基本养老保险：78.61 / 90.98
- 单位补充医疗保险：44.57 / 38.65
- 基本医疗保险：81.87 / 92.33

图6-7 不同户籍的新社会群体社会保障情况

于相对较低水平。

新社会群体内部在社会保障方面的差异主要在于工作单位性质和户籍的不同。从新社会群体的工作单位性质来看，外资企业的整体参保率高于民营企业和个体工商户，个体工商户的各项参保率最低。从户籍来看，上海户籍的新社会群体总体保障情况比外地户籍的要好。

四 小结

上海的新社会群体是一个中高层的收入群体，新社会群体的平均工作收入远远超过上海居民的平均水平。同时，在新社会群体内部，存在明显的工作收入水平差异，不同性别、年龄、受教育程度、工作单位等，都会导致工作收入的不同。

新社会群体具有明显更强的家庭理财观念。从家庭金融产品持有情况来看，新社会群体持有股票、基金、债券、投资型保险的比例远远高于其他社会群体。但新社会群体内部也存在非常明显的差异。不同年龄段、不同受教育程度、不同户籍、不同工作单位，其持有家庭金融产品的结构是不同的。年龄越大，越倾向于持有股票、债券、投资型保险；而年轻人则更倾向于持有基金。受教育程度越高，持有家庭金融产品的比例越高。上海人和新上海人在持有各项家庭金融产品方面，差别不大；但非上海户籍的新社会群体，则呈现明显不同的形态。在民企和外企工作的新社会群体，持有家庭金融产品的结构差别不大，而从事个体工作的新社会群体，则具有明显更低的家庭金融产品持有比例。

相比其他群体，新社会群体医疗保险和养老保险的参保情况相对较好，但失业保险和住房公积金的参保情况则不容乐观。此外，补充医疗保险、补充养老保险和补充住房公积金的参保率也处于相对较低水平。新社会群体内部在社会保障方面的差异主要在于工作单位性质和户籍方面的差异：外资企业的整体参保率高于民营企业和个体工商户，个体工商户的各项参保率最低；上海户籍的新社会群体总体保障情况比外地户籍要好。

第7章 住房

保障居民的住房权，是城市发展过程中的一个重要民生议题，也是全面建成小康社会的重要一环。党的十九大明确将"住有所居"作为新时期的战略目标之一。

上海经济的快速发展，吸引了大量的外来移民，使住房供应较为紧张。自2000年之后，上海的住房价格持续上涨，产生了深远的社会影响。相对于其他城市，上海市居民对于住房问题的切身感受更为强烈，"房奴"和"蚁族"成为一部分面临住房困境居民的代名词。住房与教育、医疗已经成为新时期城镇居民的三大支出项目，被戏称为新的"三座大山"。住房问题，成为影响居民日常生活、社会心态以及政治参与的重要因素（李骏，2009）。过去几年，由于住房预期、生活预期都呈现下滑趋势，甚至出现了青年白领逃离北上广的社会现象（谌鸿燕，2017）。

本章着重分析了当前上海市新社会群体的住房情况，主要包括住房类型、住房产权、住房面积三个方面。住房的类型差异，在一定程度上代表着居住条件的差异；住房的产权拥有情况表明居民是否拥有自有住房；住房面积表明了家庭所能够承受和获得的居住条件。

一 住房类型

（一）新社会群体与其他群体的比较

从住房类型来看，新社会群体的住房以商品房为主，而其他社会群体的住房则更加多元化。

新社会群体中居住在商品房的被访者比例超过50%，其次为老工/公房（18.27%）和自建房（10.23%）；而其他社会群体中居住在商品房

（29.63%）、自建房（28.47%）、老工/公房（16.29%）的被访者比例接近。

表 7-1　不同群体的住房类型

单位：人，%

	新社会群体		其他群体	
	人数	百分比	人数	百分比
棚户	51	3.60	554	7.78
老工/公房	259	18.27	1160	16.29
商品房	717	50.56	2110	29.63
别墅	37	2.61	88	1.24
廉租房	33	2.33	165	2.32
经济适用房	12	0.85	36	0.51
单位公寓/宿舍	33	2.33	128	1.80
农村拆迁安置房	47	3.31	307	4.31
城市拆迁安置房	29	2.05	281	3.95
改建房	22	1.55	45	0.63
自建房	145	10.23	2027	28.47
其他	33	2.33	219	3.08
合计	1418	100	7120	100

（二）新社会群体内部的差异

从性别来看，不同性别新社会群体的住房类型没有明显差别，都是以商品房为主，其次是老工/公房和自建房。

表 7-2　不同性别新社会群体的住房类型

单位：人，%

	女性		男性	
	人数	百分比	人数	百分比
棚户	18	2.90	33	4.14
老工/公房	126	20.29	133	16.69
商品房	317	51.05	400	50.19
别墅	11	1.77	26	3.26
廉租房	19	3.06	14	1.76

续表

	女性		男性	
	人数	百分比	人数	百分比
经济适用房	5	0.81	7	0.88
单位公寓/宿舍	11	1.77	22	2.76
农村拆迁安置房	25	4.03	22	2.76
城市拆迁安置房	11	1.77	18	2.26
改建房	10	1.61	12	1.51
自建房	56	9.02	89	11.17
其他	12	1.93	21	2.63
合计	621	100	797	100

不同出生年代的新社会群体，在住房类型上具有明显的不同。年龄越小，居住在商品房的比例越低，居住在老工/公房和自建房的比例越高。

20世纪70年代、80年代、90年代出生的新社会群体中居住在商品房的被访者比例分别为57.38%、52.16%、33.58%，随着年龄变小，比例也越来越小；居住在老工/公房的被访者比例分别为14.39%、19.77%、22.63%，随着年龄变小，比例也越来越高；居住在自建房的被访者比例分别为9.96%、9.63%、12.04%。

表7-3 不同出生年代新社会群体的住房类型

单位：人，%

	70年代		80年代		90年代	
	人数	百分比	人数	百分比	人数	百分比
棚户	21	3.87	18	2.99	12	4.38
老工/公房	78	14.39	119	19.77	62	22.63
商品房	311	57.38	314	52.16	92	33.58
别墅	23	4.24	7	1.16	7	2.55
廉租房	6	1.11	10	1.66	17	6.20
经济适用房	1	0.18	7	1.16	4	1.46
单位公寓/宿舍	7	1.29	12	1.99	14	5.11
农村拆迁安置房	16	2.95	19	3.16	12	4.38

续表

	70年代		80年代		90年代	
	人数	百分比	人数	百分比	人数	百分比
城市拆迁安置房	5	0.92	16	2.66	8	2.92
改建房	11	2.03	8	1.33	3	1.09
自建房	54	9.96	58	9.63	33	12.04
其他	9	1.66	14	2.33	10	3.65
合计	542	100	602	100	274	100

受教育程度也影响了新社会群体的住房类型。受教育程度越高，居住在商品房的比例越高，居住在自建房的比例越低，见表7-4。

表7-4 不同受教育程度新社会群体的住房类型

单位：人，%

	初中及以下		高中		大专		本科及以上	
	人数	百分比	人数	百分比	人数	百分比	人数	百分比
棚户	10	6.94	5	3.52	28	6.26	8	1.17
老工/公房	20	13.89	32	22.54	77	17.23	130	18.98
商品房	40	27.78	60	42.25	193	43.18	424	61.90
别墅	1	0.69	4	2.82	14	3.13	18	2.63
廉租房	6	4.17	2	1.41	8	1.79	17	2.48
经济适用房	2	1.39	0	0.00	5	1.12	5	0.73
单位公寓/宿舍	3	2.08	2	1.41	20	4.47	8	1.17
农村拆迁安置房	5	3.47	3	2.11	27	6.04	12	1.75
城市拆迁安置房	2	1.39	0	0.00	5	1.12	22	3.21
改建房	11	7.64	3	2.11	3	0.67	5	0.73
自建房	40	27.78	28	19.72	49	10.96	28	4.09
其他	4	2.78	3	2.11	18	4.03	8	1.17
合计	144	100	142	100	447	100	685	100

从户籍看，上海户籍的新社会群体居住在商品房的比例明显高于外地人。在新社会群体中，老上海人、新上海人、外地人住在商品房的比例分别为53.42%、72.09%、43.12%；居住在老工/公房的比例分别为

17.74%、15.12%、19.43%；居住在自建房的比例分别为 13.86%、2.33%、9.36%。

表 7-5 不同户籍新社会群体的住房类型

单位：人，%

	上海人		新上海人		外地人	
	人数	百分比	人数	百分比	人数	百分比
棚户	15	2.77	2	1.16	34	4.82
老工/公房	96	17.74	26	15.12	137	19.43
商品房	289	53.42	124	72.09	304	43.12
别墅	20	3.70	5	2.91	12	1.70
廉租房	1	0.18	1	0.58	31	4.40
经济适用房	2	0.37	0	0.00	10	1.42
单位公寓/宿舍	0	0.00	1	0.58	32	4.54
农村拆迁安置房	22	4.07	1	0.58	24	3.40
城市拆迁安置房	12	2.22	5	2.91	12	1.70
改建房	1	0.18	1	0.58	20	2.84
自建房	75	13.86	4	2.33	66	9.36
其他	8	1.48	2	1.16	23	3.26
合计	541	100	172	100	705	100

从单位性质来看，在民营企业和外企工作的新社会群体居住在商品房的比例明显高于个体工作者，而个体工作者居住在自建房的比例要明显高于前二者。

表 7-6 不同单位性质新社会群体的住房类型

单位：人，%

	民营企业		外企		个体工作者	
	人数	百分比	人数	百分比	人数	百分比
棚户	24	3.65	8	2.45	19	4.68
老工/公房	119	18.11	62	19.02	72	17.73
商品房	333	50.68	192	58.90	179	44.09
别墅	18	2.74	11	3.37	5	1.23

续表

	民营企业		外企		个体工作者	
	人数	百分比	人数	百分比	人数	百分比
廉租房	18	2.74	5	1.53	9	2.22
经济适用房	7	1.07	1	0.31	4	0.99
单位公寓/宿舍	20	3.04	5	1.53	8	1.97
农村拆迁安置房	22	3.35	10	3.07	15	3.69
城市拆迁安置房	19	2.89	6	1.84	4	0.99
改建房	5	0.76	1	0.31	16	3.94
自建房	56	8.52	17	5.21	66	16.26
其他	16	2.44	8	2.45	9	2.22
合计	657	100	326	100	406	100

可见，从住房类型来看，新社会群体以住商品房为主，而其他社会群体则更加多元化。同时，新社会群体内部存在住房类型的明显分化：年龄越小，住商品房的比例越低，住老工/公房和自建房的比例越高；受教育程度越高，居住在商品房的比例越高，居住在自建房的比例越低；上海户籍的新社会群体居住在商品房的比例明显高于外地人；在民营企业和外企工作的新社会群体居住在商品房的比例明显高于个体工作者，而个体工作者居住在自建房的比例要明显高于前二者。

二 住房产权

（一）新社会群体与其他群体的比较

从住房产权性质来看，新社会群体和其他社会群体存在明显的差异，新社会群体以租房和购买商品房为主，而其他社会群体的住房产权来源则更加多样化。

新社会群体住房以租房（40.67%）和购买商品房（38.43%）为主；其他社会群体除去租房（30.29%）和购买商品房（26.24%）这两种情况外，还存在大量自建房（20.70%）和售后公房（10.04%）的情况。

表 7-7 不同社会群体的住房产权

单位：人，%

	新社会群体		其他群体	
	人数	百分比	人数	百分比
租房	582	40.67	2176	30.29
自建房	90	6.29	1487	20.70
拆迁安置房	49	3.42	500	6.96
售后公房	93	6.50	721	10.04
购买商品房	550	38.43	1885	26.24
购买经济适用房	1	0.07	20	0.28
购买小产权房	18	1.26	81	1.13
单位提供免费住房	31	2.17	136	1.89
他人提供免费住房	5	0.35	47	0.65
其他	12	0.84	131	1.82
合计	1431	100	7184	100

（二）新社会群体内部的差异

不同性别的新社会群体在住房产权方面存在一定的差异。

女性购买商品房的比例（40.67%）要稍微超过租房比例（37.80%）；而男性租房比例（42.91%）则超过购买商品房的比例（36.69%）。

表 7-8 不同性别新社会群体的住房产权

单位：人，%

	女性		男性	
	人数	百分比	人数	百分比
租房	237	37.80	345	42.91
自建房	40	6.38	50	6.22
拆迁安置房	25	3.99	24	2.99
售后公房	44	7.02	49	6.09
购买商品房	255	40.67	295	36.69
购买经济适用房	0	0.00	1	0.12
购买小产权房	9	1.44	9	1.12
单位提供免费住房	10	1.59	21	2.61

续表

	女性		男性	
	人数	百分比	人数	百分比
他人提供免费住房	2	0.32	3	0.37
其他	5	0.80	7	0.87
合计	627	100	804	100

从出生年代来看，新社会群体的年龄越小，租房的比例越高，购买商品房的比例越低。

70年代、80年代、90年代出生的新社会群体居住在购买商品房的比例分别为48.89%、38.95%、16.91%，随着年龄变小，比例也越来越小；租房的比例分别为30.81%、38.46%、64.75%，随着年龄变小，比例也越来越高。

表7-9 不同出生年代新社会群体的住房产权

单位：人，%

	70年代		80年代		90年代	
	人数	百分比	人数	百分比	人数	百分比
租房	167	30.81	235	38.46	180	64.75
自建房	31	5.72	41	6.71	18	6.47
拆迁安置房	13	2.40	26	4.26	10	3.60
售后公房	42	7.75	41	6.71	10	3.60
购买商品房	265	48.89	238	38.95	47	16.91
购买经济适用房	0	0.00	1	0.16	0	0.00
购买小产权房	8	1.48	7	1.15	3	1.08
单位提供免费住房	11	2.03	14	2.29	6	2.16
他人提供免费住房	2	0.37	1	0.16	2	0.72
其他	3	0.55	7	1.15	2	0.72
合计	542	100	611	100	278	100

从受教育程度来看，受教育程度越高，租房的比例越低，购买商品房的比例越高。

受教育程度从初中及以下、高中、大专、本科及以上，租房的比例逐渐降低，分别为68.53%、48.61%、36.75%、35.83%；而购买商品的比例逐渐升高,分别为 11.89%、30.56%、32.96、49.06%。

表 7-10 不同受教育程度新社会群体的住房产权

单位:人,%

	初中及以下		高中		大专		本科及以上	
	人数	百分比	人数	百分比	人数	百分比	人数	百分比
租房	98	68.53	70	48.61	165	36.75	249	35.83
自建房	19	13.29	15	10.42	33	7.35	23	3.31
拆迁安置房	1	0.70	3	2.08	28	6.24	17	2.45
售后公房	1	0.70	7	4.86	39	8.69	46	6.62
购买商品房	17	11.89	44	30.56	148	32.96	341	49.06
购买经济适用房	0	0.00	0	0.00	1	0.22	0	0.00
购买小产权房	2	1.40	3	2.08	9	2.00	4	0.58
单位提供免费住房	3	2.10	2	1.39	18	4.01	8	1.15
他人提供免费住房	1	0.70	0	0.00	1	0.22	3	0.43
其他	1	0.70	0	0.00	7	1.56	4	0.58
合计	143	100	144	100	449	100	695	100

上海户籍的新社会群体主要以购买商品房为主,而非上海户籍的则以租房为主。在老上海人和新上海人当中,超过 50% 的被访者居住在商品房当中,其中新上海人有近 70% 购买商品房,而非上海户籍则有超过 70% 的被访者通过租房来解决在上海的居住问题。

表 7-11 不同户籍新社会群体的住房产权

单位:人,%

	老上海人		新上海人		外地人	
	人数	百分比	人数	百分比	人数	百分比
租房	53	9.81	22	12.79	507	70.51
自建房	78	14.44	4	2.33	8	1.11
拆迁安置房	44	8.15	4	2.33	1	0.14
售后公房	64	11.85	18	10.47	11	1.53
购买商品房	272	50.37	119	69.19	159	22.11
购买经济适用房	1	0.19	0	0.00	0	0.00
购买小产权房	14	2.59	0	0.00	4	0.56

续表

	老上海人		新上海人		外地人	
	人数	百分比	人数	百分比	人数	百分比
单位提供免费住房	7	1.30	1	0.58	23	3.20
他人提供免费住房	2	0.37	2	1.16	1	0.14
其他	5	0.93	2	1.16	5	0.70
合计	540	100	172	100	719	100

在不同性质单位的新社会群体，其住房产权也有明显不同，在外企工作的新社会群体主要是以购买商品房为主，而个体工作者和民营企业的新社会群体则更多以租房为主。民营企业、外企、个体工作者购买商品房的比例分别为37.87%、50.30%、29.56%；租房的比例分别为40.57%、29.27%、50.99%。

表7-12 不同性质单位新社会群体的住房产权

单位：人，%

	民营企业		外企		个体工作者	
	人数	百分比	人数	百分比	人数	百分比
租房	271	40.57	96	29.27	207	50.99
自建房	36	5.39	14	4.27	36	8.87
拆迁安置房	23	3.44	16	4.88	9	2.22
售后公房	48	7.19	25	7.62	17	4.19
购买商品房	253	37.87	165	50.30	120	29.56
购买经济适用房	0	0.00	0	0.00	1	0.25
购买小产权房	8	1.20	3	0.91	6	1.48
单位提供免费住房	21	3.14	5	1.52	5	1.23
他人提供免费住房	3	0.45	1	0.30	1	0.25
其他	5	0.75	3	0.91	4	0.99
合计	668	100	328	100	406	100

可见，从住房的产权性质来看，新社会群体和其他社会群体存在明显的差异，新社会群体以租房和购买商品房为主，而其他社会群体的住房产权来源则更加多样化。

同时，新社会群体内部的分化表现在出生年代、受教育程度、户籍、工作单位等多个方面。从出生年代来看，新社会群体的年龄越小，租房的比例越高，购买商品房的比例越低；从受教育程度来看，受教育程度越高，租房的比例越低，购买商品房的比例越高；从户籍来看，上海户籍的新社会群体主要以购买商品房为主，而非上海户籍的新社会群体则以租房为主；在外企工作的新社会群体主要是以购买商品房为主，而个体工作者和民营企业的新社会群体则更多以租房为主。

三　住房面积

（一）新社会群体与其他群体的比较

从住房的建筑面积来看，新社会群体并不占优势。新社会群体平均每户居住的建筑面积为85.15平方米，而居住在上海的其他群体平均建筑面积为88.84平方米，略微高于新社会群体。

（二）新社会群体内部的差异

从性别来看，新社会群体中的女性，平均每户住房的建筑面积为86.83平方米，略微高于男性（83.84平方米）。

从出生年代来看，新社会群体的年龄越小，住房面积越小。70年代、80年代、90年代出生的新社会群体的户均居住建筑面积分别为93.42平方米、85.22平方米、68.26平方米，随着年龄变小，居住建筑面积也越来越小。

从受教育程度来看，新社会群体中本科及以上学历的户均住房建筑面积最大，为90.39平方米；其次是高中学历，为86.83平方米；然后是大专学历，79.77平方米；最小的是初中及以下受教育程度，为74.32平方米。

不同户籍的新社会群体，居住建筑面积差别很大。老上海人和新上海人的户均居住建筑面积较大，分别为103.31平方米和94.63平方米，外地人居住建筑面积最小，为68.66平方米。

从单位性质来看，在外企工作的新社会群体居住建筑面积最大，为90.92平方米，在民营企业的新社会群体和个体工作者，居住建筑面积差别不大，分别为 82.85 平方米和 83.19 平方米。

不同产权的住房，差别很大。自有产权住房的新社会群体，其居住建筑面积远远大于租房群体。自有产权的新社会群体，其居住建筑面积为 103.29 平方米，约是租房群体（56.97）的 2 倍。

可见，从住房的户均建筑面积来看，新社会群体并不占优势。同时，新社会群体在住房建筑面积方面存在明显的内部分化：新社会群体的年龄越小，住房建筑面积越小；不同户籍的新社会群体，居住建筑面积差别很大，老上海人和新上海人的户均建筑居住面积较大，外地人居住建筑面积最小；在外企中工作的新社会群体居住建筑面积最大；自有产权住房的新社会群体，其居住建筑面积远远大于租房群体。

四 小结

从住房情况的各个方面看，新社会群体与其他群体具有明显的差别：从住房类型来看，新社会群体以商品房为主，而其他社会群体则更加多元化；从住房产权性质来看，新社会群体和其他社会群体存在明显的差异，新社会群体以租房和购买商品房为主，而其他社会群体的住房产权则更加多样化；从住房的户均建筑面积来看，新社会群体并不占优势。

在新社会群体内部，也存在明显的分化。

从住房类型看，年龄越小，居住商品房的比例越低，居住老工/公房和自建房的比例越高；受教育程度越高，居住在商品房的比例越高，居住在自建房的比例越低；上海户籍的新社会群体居住在商品房的比例明显高于外地户籍的；民营企业和外企的新社会群体居住在商品房的比例明显高于个体工作者，而个体工作者居住在自建房的比例要明显高于前二者。

从住房的产权性质看，从不同出生年代来看，新社会群体的年龄越小，租房的比例越高，购买商品房的比例越低；从受教育程度来看，受教育程度越高，租房的比例越低，购买商品房的比例越高；户籍与住房产权紧密相关，上海户籍的新社会群体主要以购买商品房为主，而非上海户籍的则以租房为主；在外企工作的新社会群体主要是以购买商品房为主，而个体工作者和民营企业的新社会群体则更多是以租房为主。

从住房面积看，新社会群体的年龄越小，住房面积越小；不同户籍的新社会群体，居住面积差别很大，老上海人和新上海人的户均居住面积较大，外地人居住面积最小；在外企中工作的新社会群体居住面积最大；拥有自有产权住房的新社会群体，其居住面积远远大于租房群体。

第8章 政治活动

随着人类社会的发展，公众的政治参与成为社会发展的指标之一。公民参与政治有助于公共政策的民主化、合法化和理性化。公民的社会政治参与，是现代社会的一个重要维度（俞可平，2000）。政治参与可以划分为多个维度，包括参与有政治性因素的活动、成为某一个政治群体或组织的成员（Bath and Deeg，2005），或者以各种方式对公共事务表达自己的意见，从而对社会政策的决策和治理产生影响（杨华、项莹，2014）。

改革开放以来的四十多年，我国的民主化程度不断提高，公众政治参与社会生活的形式和维度也在不断丰富。在中国，社区是人们日常生活的交流场所，人们多数社会性的活动都在社区场域内进行。因此，我们主要关注新社会群体在社区之内的政治参与，包括两部分：一是对社区的了解与信任，可以反映出人们对所在社区的认知与理解，从侧面反映新社会群体的政治参与状况；二是参与社区公共事务的状况，这能够直接得到社区内新社会群体对社区公共事务的参与状况。

本章对新社会群体的政治参与进行分析，主要操作化为以下几个方面：一是政治关注，包括对居委会的了解和信任；二是政治活动参与情况，参与社区内部的活动，包括业主大会投票、参与公共事务等；三是政治意识，即当自身利益受到影响时采取行动的倾向。

一 政治关注

社会资本理论认为，社会网络是社会成员进行社会参与的前提，良好的社会网络互动能够促进信任与合作，产生良好的制度绩效。在现代城市社区生活中，社会交往一般指人们与邻里和居委会、业委会、物业等的互动。每个家庭都是社区的成员，参与一些共同活动，有一些共同的利益。

同时，社区中的居委会、业委会、物业等机构，在某种程度上代表居民行使一部分公共权力，因此，对这些机构的了解和信任程度，是非常重要的。新社会群体一般知识丰富，解决问题的能力较强，因此我们主要关注其对居委会的了解与信任，同时关注其对社会的感受给予的反馈，以反映新社会群体的政治参与状况。

（一）对居委会的了解

由数据可知，新社会群体对社区有基本的了解，外来人口较当地人口了解较少。在接受调查的1401人中，仅有153人知道其所居住社区的居委会主任，绝大部分人不知道，知道的人占10.92%，不知道的人占89.08%，由此可见，新社会群体对于社区的公共事务了解较少、参与较少。

相对于其他社会群体，新社会群体对于社区居委会的关注明显不够。在其他群体中，有31.18%的人知道居委会主任是谁，而新社会群体中只有10.92%的人知道。

将新社会群体的户籍与对居委会主任的了解情况进行交互发现，当地户籍的新社会群体知道的人数较外地户籍的人多。可见，外地户籍的新社会群体对居委会的信息掌握较少，社会参与度低。

在对居委会主任了解的层次上更进一步，我们发现，知道居委会办公地点的新社会群体有953人，占68.02%，不知道居委会办公地点的新社会群体有448人，占31.98%。跟上述知道居委会主任相比，知道居委会办公地点的人比知道居委会主任的比例显著增加，表明多数新社会群体对社区的基本社会事务有所了解，但日常生活中主动参与较少。对他们而言，社区更像是解决问题的地方，而不是生活中可以主动参与活动的空间。

相对于其他群体，新社会群体对于居委会办公地点的了解程度仍然偏低。新社会群体中知道居委会办公地点的比例为68.02%，而其他社会群体中则有75.29%的人知道。

与对居委会主任的了解情况类似，外地户籍的新社会群体知道居委会办公地点的人数较少。外地户籍的新社会群体进入上海市，有些是为了获取物质财富，有些是为了在上海定居，安身立命，由于不是自己的出生地，生活在此的时间较短，同时缺乏参与的动力，对居委会的办公地点知之者甚少。

（二）对居委会的信任

中国城市的社区，通常指的是一个居委会管理下的行政范围。在现代都市生活中，居民的社会参与行为，很多是在社区中完成的。因此，我们需要考察新社会群体的居委会支持状况，分析新社会群体的社会参与状况。总体来看，新社会群体对居委会信任居多，对居委会的支持表示满意。

新社会群体对"我信任居委会"的认可程度，非常同意的占 5.70%，同意的占 34.01%，一般的占 50.25%，不太同意的占 6.86%，很不同意的占 3.18%。从整体比例来看，新社会群体对居委会的信任情况较佳，但是仍然有一半的人保持中立态度。

比较新社会群体与其他社会群体可以看出，新社会群体对居委会的信任程度略低。关于"我可以信任居委会"的回答，新社会群体回答"同意"和"非常同意"的比例略微低于其他群体。

"总的来讲，居委会本届委员的产生反映了本社区大多数居民的意愿"，对此看法持很不同意意见的占 6.25%，不太同意的占 13.17%，一般的占 43.72%，同意的占 32.73%，非常同意的占 4.14%。

相对于对居委会的信任情况，此项看法的反对意见较多，约占五分之一，持中间意见的约占五分之二，其余人则持赞同意见。持中间意见的人较多，新社会群体有较多的人态度不明，若能将这一大部分人群进行合理引导，将改变现有的新社会群体的社会参与结构，增强其社会参与度。

比较新社会群体与其他社会群体可以看出，新社会群体对于居委会的信任程度略低。对于"居委会本届委员的产生反映了本社区大多数居民的意愿"的回答，新社会群体回答"同意"和"非常同意"的比例略微低于其他群体。

关于新社会群体对"居委会的决定代表了居民利益"的看法，约有四成的人对此看法持一般态度，约有四成的人同意此种看法，约有两成的人不同意此种看法（见表 8-1）。

表 8-1　居委会的决定代表了居民利益

单位：人，%

居委会的决定代表了居民利益	人数	百分比
很不同意	72	5.37
不太同意	149	11.10
一般	546	40.69
同意	518	38.60
非常同意	57	4.25
合计	1342	100

综合来讲，新社会群体对居委会的支持持赞同意见的约占四成，持反对意见的约占两成，持中立态度的约占四成。赞同比例较高，但是仍然有大部分的新社会群体持中立态度。

比较新社会群体与其他社会群体可以看出，新社会群体对于居委会的信任程度略低。关于"居委会的决定代表了居民利益"的回答，新社会群体回答"同意"和"非常同意"的比例略微低于其他群体。

可见，新社会群体对于社区的公共事务了解较少，具体表现为知道居委会主任和居委会办公室地点的比例过低。但同时，新社会群体对社区的反馈较好，对居委会信任居多，对居委会的支持表示满意。

二　政治参与

针对新社会群体在社区中的生活状况，本次调查收集了社区公共事务中新社会群体的参与状况，包括小区业主大会的投票活动，小区公共事务的讨论会议，向居委会、业委会、物业等提意见和建议等。综合来看，新社会群体政治活动参与度不足。

（一）业主大会投票

新社会群体中，参加小区业主大会投票的人占 19.26%，没有参加小区业主大会投票的占 80.74%，参加业主大会投票的新社会群体不足五分之一，远远低于其他群体。

相对于其他群体超过 30.09% 的业主大会投票率，新社会群体的投票率远远偏低。

从不同性别来看，新社会群体中的男性群体和女性群体在业主大会投票率方面并没有太大差别（见图8-1）。

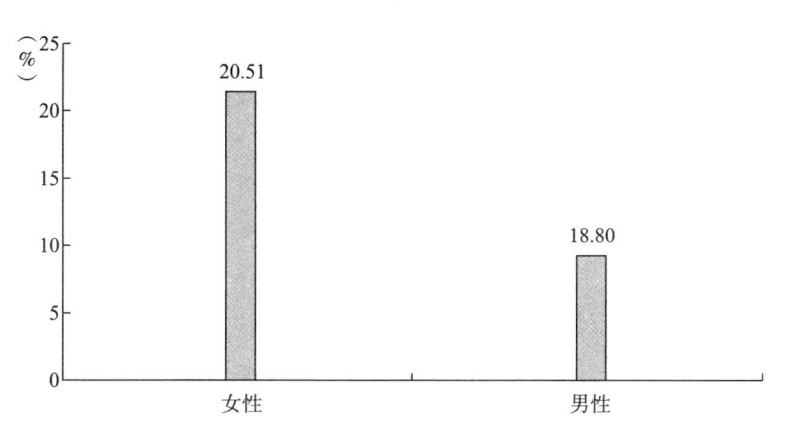

图8-1 不同性别新社会群体参与业主大会投票情况

从出生年代来看，新社会群体的年龄越小，业主大会投票率越低。70年代、80年代、90年代出生的新社会群体的投票率，依次为28.48%、16.57%、7.96%，呈现非常明显的下降趋势。

从受教育程度来看，初中及以下学历的新社会群体，其业主大会投票率远远低于受教育程度高的新社会群体（见图8-2）。

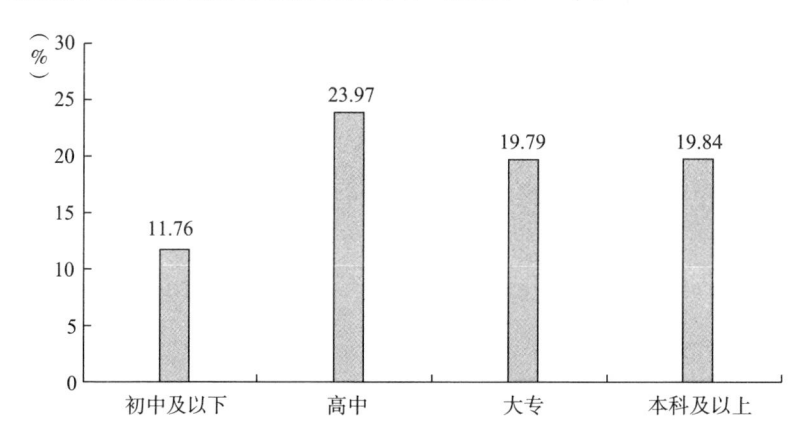

图8-2 不同受教育程度新社会群体参与业主大会投票情况

户籍显著影响了业主大会投票率，上海户籍的新社会群体，其业主大会投票率远远高于外地户籍。上海人、新上海人、外地人的投票率分别为26.24%、32.72%、10.49%。

从不同单位性质来看，民营企业、外企、个体工作者的投票率分别为 16.58%、20.74%、22.62%。

（二）参与公共事务

向社区提意见是能够反映新社会群体是否主动参与社区事务的一个重要指标，积极向社区提意见，意味着新社会群体能够响应社区活动，站在一个参与者而不是旁观者的角度考虑社区内的事务。与小区业主大会的投票相比，关于小区公共事务的讨论，新社会群体参加的比例更低，仅为 6.1%，绝大部分新社会群体没有参加过小区公共事务的讨论。新社会群体的原子化倾向越来越强，在快节奏的城市生活中，他们更加关注自身或自身所处的家庭的生活，对于外部的社区活动，仅有基本了解，公共事务的参与严重不足。

由图 8-3 可知，新社会群体极少向社区相关部门提意见和建议，提过意见和建议的仅占 17.20%，未提过意见和建议的占 82.80%。新社会群体与居委会、业委会和物业的互动较少，提意见和建议的总体人数较少。

而且，这种低参与率，不仅仅发生在新社会群体上，其他群体向居委会、业委会、物业提建议或意见的比例，都不到 20%。

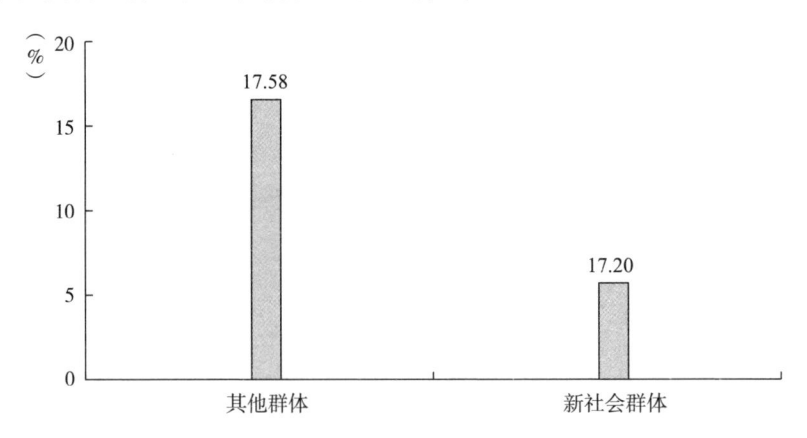

图 8-3　不同群体向社区提建议情况

相对于女性，男性新社会群体向居委会、业委会、物业提建议或意见的比例略高（见图 8-4）。

从出生年代来看，新社会群体的年龄越小，向居委会、业委会、物

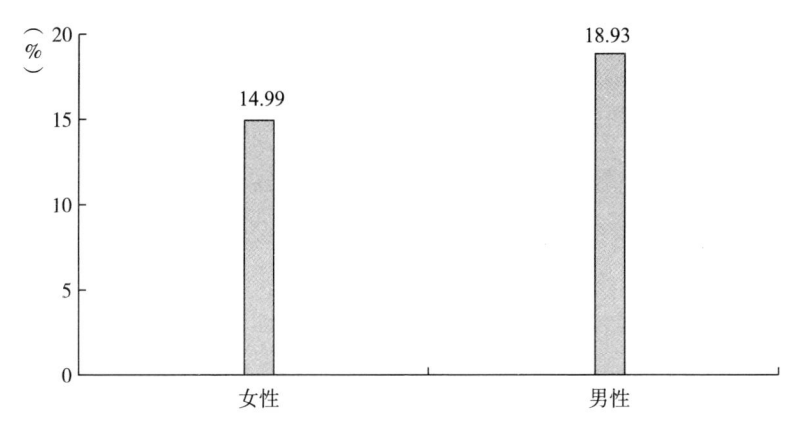

图 8-4　不同性别新社会群体向社区提建议或意见情况

业提建议或意见的比例越低。70年代、80年代、90年代出生的新社会群体的比例，依次为23.75%、15.61%、7.23%，呈现非常明显的下降趋势。

从受教育程度来看，初中及以下学历的新社会群体，向居委会、业委会、物业提建议或意见的比例远远低于受教育程度高的人群（见图8-5）。

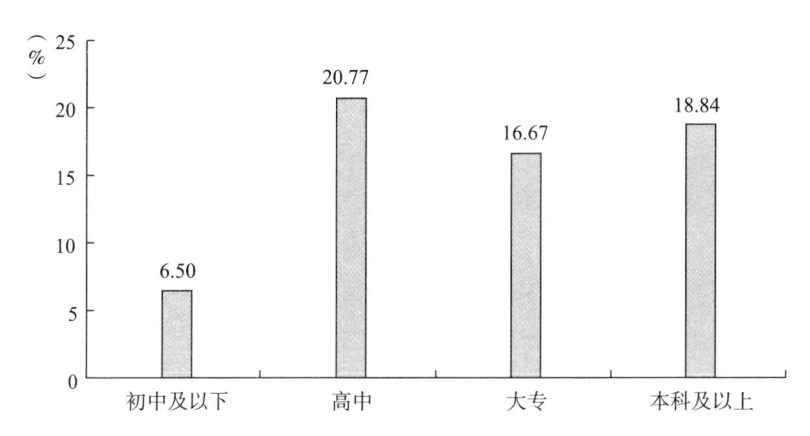

图 8-5　不同受教育程度新社会群体向社区提建议或意见情况

户籍显著影响了新社会群体向居委会、业委会、物业提建议或意见的情况，上海户籍的新社会群体，向居委会、业委会、物业提建议或意见的比例远远高于外地户籍的。上海人、新上海人、外地人的提建议或意见的比例分别为19.84%、28.14%、12.35%。

不同工作单位的新社会群体，向居委会、业委会、物业提建议或意见的比例基本持平,没有明显的差别(见图 8-6)。

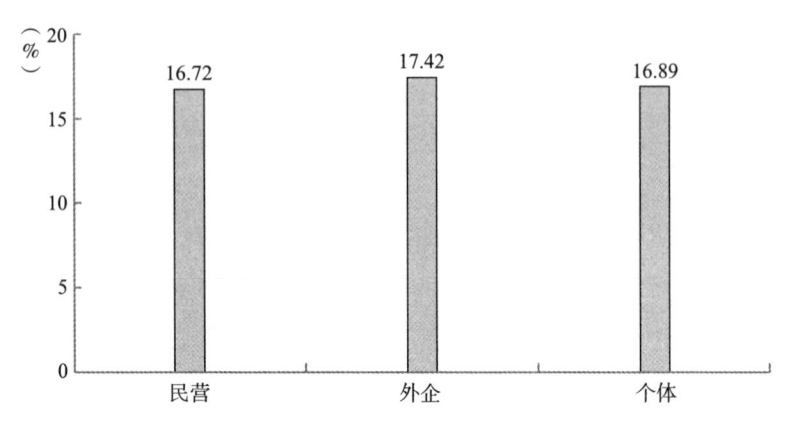

图 8-6 不同工作单位新社会群体向社区提建议或意见情况

住房产权显著影响了新社会群体向居委会、业委会、物业提建议或意见,拥有自有产权住房的新社会群体,其向居委会、业委会、物业提建议或意见的比例(23.80%)远远高于租房群体(6.91%)。

新社会群体社区公共事务中的参与状况不容乐观,从小区业主大会的投票活动,小区公共事务的讨论会议,向居委会、业委会、物业等提意见和建议等来看,新社会群体政治活动参与不足。同时,从新社会群体内部来看,年龄成为影响新社会群体政治参与的重要因素,年龄越小,政治参与的程度越低。

三 政治意识

关于新社会群体的政治意识,现有研究的发现并不一致。有的研究发现,新社会群体尚未形成共同的政治意识,参与政治活动的水平相对低,政治参与的意识不强。有研究发现,新社会群体更关注与自身利益有关的事务,对于政治性事务多持回避态度,政治意识不强。

为了测量新社会群体的政治意识,我们在调查中设计了一道题目"假设原来规划的本小区附近的地铁站突然要取消,您在多大程度上会去争取保留该地铁站",可通过对这一题目的回答,研究新社会群体的政治意识。

表8-2 不同群体对"假设原来规划的本小区附近的地铁站突然要取消，您在多大程度上会去争取保留该地铁站"的回答

单位：人，%

	其他群体		新社会群体	
	人数	百分比	人数	百分比
非常不可能	711	11.46	116	8.30
不可能	1190	19.17	228	16.31
一般	1371	22.09	329	23.53
有可能	1711	27.57	423	30.26
非常有可能	1223	19.71	302	21.60
合计	6206	100	1398	100

数据结果表明，有超过一半的新社会群体回答"有可能"（30.26%）或者"非常有可能"（21.60%）会采取行动争取保留该地铁站，这一比例要略高于其他群体，说明新社会群体具有比较明确的政治意识（见表8-2）。

从性别来看，不同性别的新社会群体，在政治意识方面，没有明显的差别。不同性别回答"有可能"或者"非常有可能"的比例相差不多，女性为54.09%，男性为51.26%。

从出生年代来看，不同年龄的新社会群体，在政治意识方面，没有明显的差别（见图8-7）。

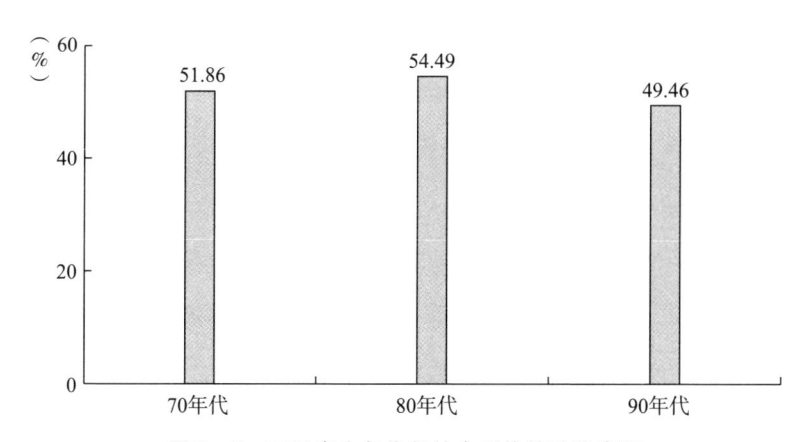

图8-7 不同出生年代新社会群体的政治意识

70年代：51.86%　80年代：54.49%　90年代：49.46%

从受教育程度来看，不同受教育程度的新社会群体，在政治意识方面，没有明显的差别（见图8-8）。

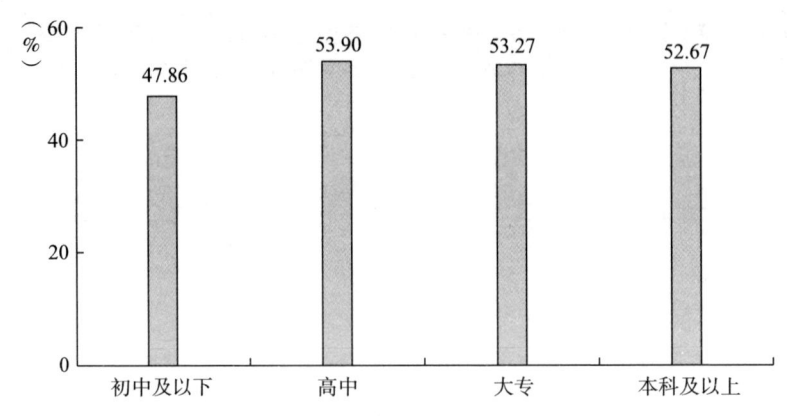

图 8-8　不同受教育程度新社会群体的政治意识

从户籍来看，不同户籍的新社会群体，在政治意识方面，有一些差别（见图 8-9）。

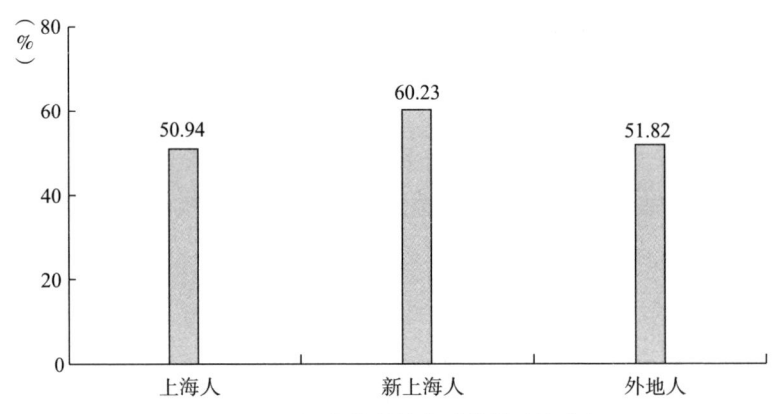

图 8-9　不同户籍新社会群体的政治意识

不同工作单位的新社会群体，在政治意识方面，没有明显的差别（见图 8-10）。

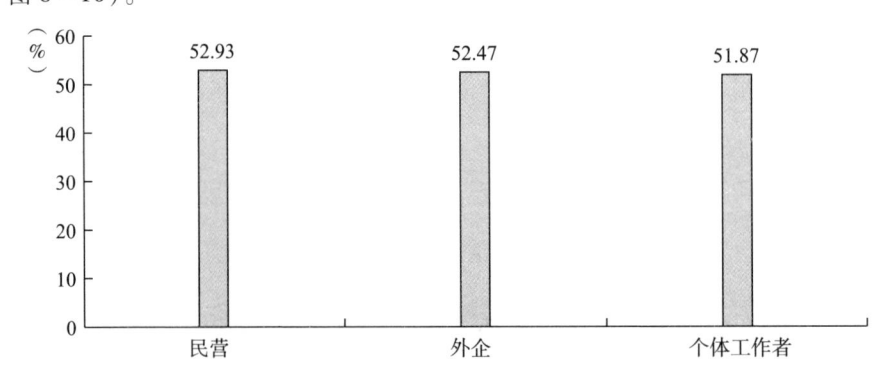

图 8-10　不同工作单位新社会群体的政治意识

从住房情况来看，房屋产权是影响政治意识的重要因素。拥有自有产权住房的新社会群体，有57.69%的人具有非常明显的政治意识，而租房群体的这一比例只有45.06%。

数据结果表明，新社会群体具有比较明确的政治意识；政治意识不受年龄、性别、受教育程度、工作单位等因素的影响；对新社会群体政治意识产生重要影响的是房屋产权，拥有自有产权住房的群体明显具有更强的政治意识。

四　小结

根据上述分析，我们发现，上海市新社会群体的社区政治参与呈现出以下特征。

新社会群体对于社区的公共事务了解较少，具体表现为知道居委会主任和居委会办公地点的人比例过低。但同时，新社会群体对社区的反馈较好，对居委会信任居多，对居委会的支持表示满意。

新社会群体社区公共事务的参与状况不容乐观，从其参与小区业主大会的投票活动和小区公共事务的讨论会议，向居委会、业委会、物业等提建议或意见等来看，新社会群体政治活动参与不足。从新社会群体内部来看，年龄成为影响新社会群体政治参与的重要因素，年龄越小，政治参与的程度越低。

新社会群体具有比较明确的政治意识；政治意识不受年龄、性别、受教育程度、工作单位等因素的影响；对新社会群体政治意识产生重要影响的是房屋产权，拥有自有产权住房的群体，明显具有更强的政治意识。

综合来看，新社会群体对自己所居住的社区有一定的了解，基本掌握社区的居委会办公地点以及居委会主任等信息，并且与社区的相关组织极少发生冲突和纠纷，与居委会、业委会和物业等也相处和谐。

但是，新社会群体较少参与社区内部的公共事务，参与业主大会以及小区公共事务讨论的均不超过20%。新社会群体对于社区的事务参与明显不足，多数新社会群体把社区作为个体或自身家庭的生活场域，更加注重私人化的生活空间。新社会群体在社区内部事务的参与上基本呈现一种"与我无关"的心态，不主动参与社区活动，不主动融入社区空间。我们需要引导新社会群体主动参与社区活动，增强其社会参与意识，把社区建造成一个既是生活空间，又是社会交往空间的场域。

第9章 集体效能

在对社区进行研究中,学者们发现了社区集体效能对社区居民的重要意义。集体效能的概念是由辛普森提出的,主要包括两个基本社会机制,一是凝聚力,二是对社会控制的共同目标(Sampson,2012)。在这个意义上,社区的集体效能存在于一个互相信任以及有凝聚力的环境中,是共同期望基础上的一种集体性的网络结构(Sampson,Morenoff,and Earls,1999)。研究发现,控制个人水平的人口特征和健康背景、社区经济劣势等因素后,集体效能与个体的自评健康呈正相关,个体受教育程度对身体健康的影响具有正向的促进作用(Browning and Cagney,2002)。基于此,本章考察新社会群体社区集体效能的状况。

一 集体效能的概念

在辛普森的理论框架中,社区集体效能综合了两个基本机制:社会整合(social cohesion)和对社会控制的共享期望(shared expectation for control)。其中社会整合体现了"集体"部分,对社会控制的共享期望体现了"效能"部分。所谓"集体"维度,体现了社区成员相互之间信任和整合的程度,是将"社区"作为一个整体,考察其内部的整合或者信任程度。所谓"效能"维度,体现了社区成员在采取集体行动或者面对社区挑战时态度的一致性和动员能力。对社区集体效能的测量集中在社区整合和对社会控制的共享期望(非正式社会控制)两个维度上。

社会整合的测量通过询问是否同意下面的提议来实现:(1)本社区的居民喜欢去帮助他们的邻居;(2)本社区的居民能被信任;(3)本社区是一个凝聚力很高的社区;(4)本社区居民之间相处融洽;(5)本社区居民价值观相似。从上述测量指标可以看出,社区集体效能"整合"维度的测量包含了空间和集体维度。一方面,测量题目中的"本社区"将社区集体效能的测量限制在社区空间中,让受访者从社区这个整体角度回答对整合和信任问题的认识,而非"以自我为中心"的测量。另一方面,社区集体效能超越了亲密社会关系纽带,集体效能内嵌于社区层面的整合和信任,而非亲密的个人纽带。

共享期望的测量,聚焦在居民每天需要面对的事务上,包括居民对社区少儿行为的监控和对关乎社区福祉的事务的态度。对共享期望维度的测量并不是测量社区实际的行为,而是一种假设情况。因此,对共享期望的测量是测居民介入社区其他居民事务和社区事务的意愿。对集体效能非正式社会控制的效能测量,包括询问受访者面临以下问题时采取行动的可能性:(1)学生逃课并且在街角闲逛;(2)小孩在当地的建筑物墙面上乱写乱画;(3)小孩对成人的不尊重行为;(4)在自己家门前发生了打斗;(5)离自己家最近的消防站预算可能被削减。对以上问题的回答被编码为"非常不可能"到"非常可能"五个取值。

二 集体效能的测量

在2017年的SUNS数据中,根据我国的实际情况,我们对集体效能感的两个维度的测量指标进行了删减。

社会整合的测量通过询问是否同意下面的说法来实现。(1)我觉得,我能较好地认识到目前小区内的重大问题;(2)我认为,我有资格与能力参与小区事务的决定;(3)住在这里的人们愿意互相帮助;(4)我可以信任住在这个社区里的人。

对共享期望的测量,询问受访者对以下情形采取行动的可能性来实现。(1)有孩子在墙上乱涂乱画;(2)有孩子在路边打架。

(一) 社会整合

1. 对小区重大问题的认识

关于自己对小区内目前存在的问题的认识程度,仅有4.63%的新社会群体非常同意自己能较好地认识小区内的问题,有21.35%的人比较同意此种说法,另外,有53.04%的人对此种说法持一般态度,16.50%的人不太同意此种看法，4.49%的人则很不同意（见表9-1）。

新社会群体对于小区存在问题的看法持比较两极的态度，综合来看，有超过20%的人认为自己不能够较好地认识小区内重大问题，有25.98%的人认为自己能较好地认识小区内重大问题，但有超过一半的人持中间态度。新社会群体对于小区内部的重大问题认识整体处于一般水平，真正能够较好地认识小区内重大问题的人数只占约四分之一。

在新社会群体和其他群体之间，对于这一问题的回答，没有显著差别。

表9-1 新社会群体对小区重大问题的认识情况

单位：人，%

能较好地认识小区内问题	人数	百分比
很不同意	62	4.49
不太同意	228	16.50
一般	733	53.04
比较同意	295	21.35
非常同意	64	4.63
合计	1382	100

2. 有资格与能力参与小区事务的决定

在"我认为，我有资格与能力参与小区事务的决定"这个选项中，仅有4.98%的新社会群体非常同意此种看法，16.10%的人比较同意，39.06%的人一般认同，28.01%的人不太同意，11.84%的人很不同意。相较于对小区重大问题的认知情况来看，认为自己有资格、能力参与小区事务决定的比例明显降低，这表明新社会群体对社区事务的认知能力是比较强的，但是真正认为自己有能力参与事务决定的人却相对较少（见表9-2）。

在新社会群体和其他群体之间，对于这一问题的回答，没有显著差别。

表9-2 新社会群体参与小区重大事务决定的情况

单位：人，%

有资格、能力参与小区事务的决定	人数	百分比
很不同意	164	11.84
不太同意	388	28.01
一般	541	39.06

续表

有资格、能力参与小区事务的决定	人数	百分比
比较同意	223	16.10
非常同意	69	4.98
合计	1385	100

3. 社区居民相互帮助

11.22%的新社会群体非常同意"住在这里的人们愿意互相帮助", 40.26%的人比较同意, 39.61%的人一般同意, 持中立看法, 7.10%的人不太同意, 1.81%的人很不同意这种看法。综合来看, 新社会群体中有超过一半的人认同"住在这里的人们愿意互相帮助"这种看法, 也就是说, 社区居民之间有相互帮助的期待。同时应该看到, 仍有39.61%的人持一般态度, 对"住在这里的人们愿意互相帮助"这种看法既不认同也不反对, 这部分新社会群体的集体期待较低, 社区凝聚力较差, 需要对此部分新社会群体进行重视, 不断加强其社会期待, 增强社区凝聚力, 建立和谐、包容、团结的社区环境（见表9-3）。

表9-3 新社会群体关于社区居民互相帮助情况的认识

单位：人，%

住在这里的人们愿意互相帮助	人数	百分比
很不同意	25	1.81
不太同意	98	7.10
一般	547	39.61
比较同意	556	40.26
非常同意	155	11.22
合计	1381	100

相对于其他群体, 新社会群体回答住在这里的人"比较同意"或"非常同意"互相帮助的比例要明显低于其他社会群体。

4. 社区居民相互信任

新社会群体对于社区居民的信任情况较为一般, 对"可以信任社区里的人"这种说法持非常同意的人有6.55%, 比较同意的占32.61%, 一般的人占48.67%, 不太同意的占10.15%, 很不同意的占2.02%。整体来看, 将近

40%的新社会群体赞成"可以信任社区里的人"这种看法，另外有将近一半的新社会群体对此种看法既不认同也不反对，剩余的一小部分人不同意此种看法。新社会群体对于小区内的人信任感一般（见表9-4）。

表9-4 新社会群体关于信任社区居民的情况

单位：人，%

可以信任社区里的人	人数	百分比
很不同意	28	2.02
不太同意	141	10.15
一般	676	48.67
比较同意	453	32.61
非常同意	91	6.55
合计	1389	100

比较新社会群体与其他社会群体可以看出，对于"可以信任社区里的人"的回答，新社会群体回答"比较同意"和"非常同意"的比例略微低于其他群体。

可见，新社会群体对社区的反馈较好，对小区内部的互相帮助状况以及信任状况都比较认同，并且对于小区内的安全状况比较认可，无论从居委会支持还是社区反馈看，新社会群体获得的社会支持都较高。

（二）共享期望

集体效能的第二个维度关注居民是如何解决危机的，包括如何指导儿童玩耍，共享孩子信息，阻止未成年人街头暴力的意愿，对破坏公共空间、损坏公物的人进行劝阻的意愿等。

1. 阻止孩子乱涂乱画

由数据可知，新社会群体中，有15.77%的人非常可能阻止孩子乱涂乱画，有29.01%的人可能阻止，有34.85%的人可能阻止，也可能不阻止，有15.62%的人不可能阻止，有4.75%的人非常不可能阻止。新社会群体对于小区内的社会控制态度相对一般，仅有超过四成的人会对损坏公物的人进行劝阻，有约三分之一多的人持中立态度，另有二成的人不会采取行动。新社会群体对于社区的事务有自己的态度，但普遍缺乏行动，采取中立态度的群体,即对相关事件既不支持又不赞同的比例一直居高不下,若此部分新社会群体能够转变做法,社区集体效能将大大加强(见表9-5)。

表9-5 新社会群体阻止孩子乱涂乱画的可能性

单位:人,%

阻止孩子乱涂乱画	人数	百分比
非常不可能	66	4.75
不可能	217	15.62
一半一半	484	34.85
可能	403	29.01
非常可能	219	15.77
合计	1389	100

从新社会群体和其他群体的比较来看,新社会群体的集体效能要略低。从阻止孩子在墙上乱涂乱画的情况来看,新社会群体回答"可能"和"非常可能"的比例明显要低于其他群体。

2. 阻止孩子打架

相较于"阻止孩子乱涂乱画",新社会群体在"阻止孩子打架"一事上表现得更加积极。在"阻止孩子打架"的意向选择中,非常可能的占19.35%,可能的占35.32%,一半一半的占26.26%,不可能的占14.32%,非常不可能的占4.75%。综合来看,有超过一半的新社会群体会阻止孩子打架,有近三分之一的人持中立态度,不可能阻止孩子打架的约占五分之一(见表9-6)。

表9-6 新社会群体阻止孩子打架的可能性

单位:人,%

阻止孩子打架	人数	百分比
非常不可能	66	4.75
不可能	199	14.32
一半一半	365	26.26
可能	491	35.32
非常可能	269	19.35
合计	1390	100

从新社会群体和其他群体的比较来看,新社会群体的集体效能要略

低。从阻止孩子打架的数据来看，新社会群体回答"可能"和"非常可能"的比例明显要低于其他群体。

在反映社区的集体效能方面，新社会群体的社会整合与社会控制能力都不是很高，有较多的个体处于中间状态，持观望态度。另外，新社会群体具有比较明确的社区意识，愿意阻止社区内越轨行为的发生。

三 集体效能的影响因素

一般而言，对社区集体效能的测量集中在社区整合和共享期望两个维度上。在实际测量中，我们根据我国的实际情况，对这两个维度的测量指标进行了删减。

社会整合的测量通过询问是否同意下面的提议来进行：（1）我觉得，我能较好地认识到目前小区存在的问题；（2）我认为，我有资格与能力参与小区事务的决定；（3）住在这里的人们愿意互相帮助；（4）我可以信任住在这个社区里的人。对以上问题的回答被编码为"非常不可能"到"非常可能"五个取值。将这4个题目进行加总，形成了"社会整合"指标。

对共享期望的测量，询问受访者面对以下问题时采取行动的可能性：（1）有孩子在墙上乱涂乱画；（2）有孩子在路边打架。对以上两个问题的回答被编码为"非常不可能"到"非常可能"五个取值。将这两个题目进行整合，形成"共享期望"指标。

根据这两个维度生成两个指标——"社会整合"指标和"共享期望"指标，并将这两个指标进一步相加生成一个总的"集体效能"指标。下面分别看这几个指标在不同人群中的情况。

从新社会群体和其他群体的比较来看，这两个群体在社会整合、共享期望、集体效能这三个指标上的得分都非常接近，没有明显的差别。这说明，新社会群体的社区集体效能与其他群体没有差别（见表9-7）。

表9-7 新社会群体与其他群体的集体效能得分

	社会整合	共享期望	集体效能
其他群体	12.76	7.37	20.14
新社会群体	12.64	6.86	19.51

而且，进一步分析新社会群体内部的不同因素可以发现，在新社会群体内部，社区集体效能的得分并不存在差异。不同性别、年龄、受教育程度、户籍、工作性质、住房产权的人，在集体效能得分上，都没有明显差别（见表9-8）。

表9-8 新社会群体集体效能的内部分化

	社会整合	共享期望	集体效能
女性	12.52	6.73	19.27
男性	12.74	6.96	19.70
70年代	13.10	7.38	20.53
80年代	12.45	6.76	19.20
90年代	12.19	6.06	18.25
初中及以下	12.70	7.43	20.24
高中	12.80	7.34	20.12
大专	12.64	6.90	19.53
本科及以上	12.60	6.63	19.24
上海人	12.89	6.72	19.61
新上海人	13.32	7.15	20.48
外地人	12.30	6.90	19.21
民营企业	12.58	6.73	19.32
外企	12.62	6.68	19.32
个体工作者	12.74	7.19	19.96
自有产权	12.92	7.00	19.93
租房	12.24	6.65	18.90

四 小结

从整体来看，新社会群体邻里交往不足，社区集体效能较低。

从社会整合维度来看，新社会群体对小区内部的重大问题认识整体上处于一般水平，认为自己能够正确认识重大问题的人约占四分之一，认为自己有能力参与事务决定的人更少，约有五分之一。

从社会控制的共享期望维度来看，新社会群体对于社区事务有明显的意识，有超过四成的人会对乱涂乱画的孩子进行劝阻，有超过一半的新社会群体会阻止孩子打架。

超过五分之二的新社会群体对于社区问题和社区事务持观望态度，既不认同，又不反对，主动参与性较差；真正能够融入社区，积极进行社区交往、社会活动的人约占整体的五分之二；另外约有五分之一的群体是完全隔绝于社区生活之外的。

因此，我们需要通过加强引导，让持中立态度的人群在态度上转变，增强邻里交往以及社区活动的参与率、社区凝聚力，由此居民的社会控制能力也将得到提高，集体效能也将得到上升，这有利于营造和谐、文明、团结的社区环境。

第10章 社会融合

城镇化是中国进入21世纪后的重要主题，是中国接下来要走的很长一段路程。在城市化发展过程中，伴随而来的一个重要议题是流动人口的社会融合议题（任远、乔楠，2010）。生活在城市的移民群体是否能够真正融入城市，会影响到中国未来城市的发展道路（褚荣伟、熊易寒、邹怡，2014）。

本章关注的是新社会群体中的移民群体，即那些出生时没有上海户籍的群体。虽然他们是社会的中产阶层，但很多时候，他们和其他流动人口面临相似的社会融合问题。社会融合，既包括外来人口对所在城市的主观认同，也包括当地人口对外来人口的接纳程度。考察一个群体与当地群体的社会融合情况主要可以从主观和客观两个角度进行衡量。主观方面主要是移民群体对于迁入行为发生之后周边环境以及自我融入情况的评价，同时也包括当地群体对于新迁入群体的接纳态度。客观方面主要从移民群体与迁入地的群体和环境的沟通状况进行评价，包括沟通的频率、质量、主动性、被接纳状况等。

从操作化的层面上来讲，测量移民群体的社会融合情况主要可以从社会交往和社会认同两个维度进行测量。因此，本章将从社会交往和社会认同两个方面来分析新社会群体中的移民群体的社会融合情况。

一 社会交往

社会交往是需要主体与客体共同参与才能完成的过程，包括了个体与个体、个体与群体、群体与群体等多种形式。对于移民群体来说，社会交往状况主要可以从他们与周边的人和群体间的互动进行分析。本小节主要从其与朋友、同事、邻里的交往几个方面来分析新社会群体中的移民群体的社会交往状况。本小节分析的对象为出生时没有上海户籍的新社会群体。

(一) 朋友交往

朋友是每个人生命中不可缺少的一部分，与朋友的交往情况可以在很大程度上反映出一个人基本的社会交往情况。移民群体在当地的交往情况，从朋友的角度来分析，主要考察的是其与朋友联系的频率、其交往的朋友的社会性特征。移民群体在上海生活和工作中交朋友的环境，以及交的朋友是否为当地人是我们主要关注的。如果他们交的朋友中当地人多，在一定程度上说明他们在当地融入状况较好；相反，如果他们大部分朋友是外地的或者是原来的朋友，则说明其社会融合情况不太理想。

首先，移民群体在上海的朋友中外地人远远多于当地人。在上海的朋友的属地信息中，回答"大多是外地人"的人数比例最高，为42.14%，回答"本地人和外地人各一半"的为36.56%，回答"大多是本地人"的人数比例为15.26%，回答"全都是外地人"的为4.21%，回答"全都是本地人"的为1.48%。由以上可知，移民群体的上海朋友中外地人远多于当地人（见图10-1）。

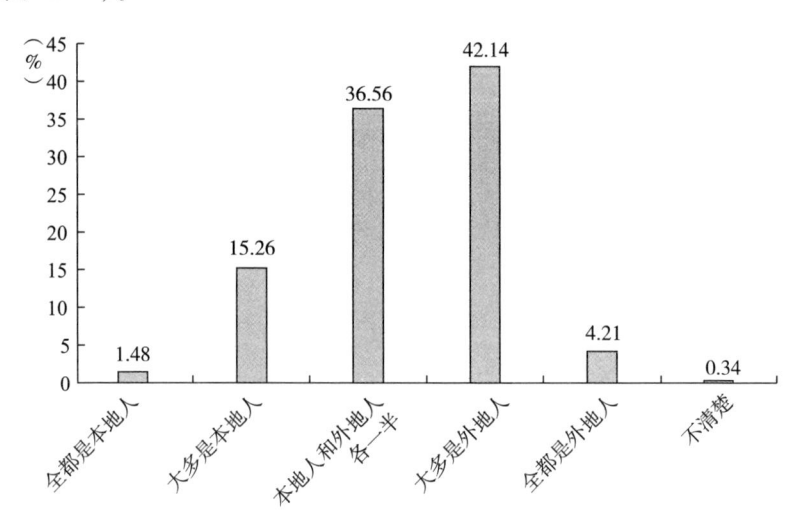

图10-1 移民群体的朋友构成

其次，移民群体的外地朋友"大多不是老乡"。尽管流动人口在城市里再构建的初级关系以老乡为主，但数据发现，移民群体的外地朋友老乡并不多。如图 10-2 所示,在外地的朋友中,"大多不是老乡"的比例为 46.01%;"差不多一半是老乡"的比例为 22.78%;接着,"大多是老乡"的比例为 19.25%;另外,"没有老乡"和"全部都是老乡"比例分别为 9.23% 和 1.82%。由此可知,在外地朋友中,移民群体的老乡少于非老乡。这说明,移民群体愿意与非老乡交流,对于朋友的交往没有明显的老乡倾向。

从以上的内容分析可知,移民群体在上海朋友中外地人多于当地人,而在外地朋友中老乡占的比重较小。综合可知,新社会群体愿意结交当地朋友,现实是他们在上海的朋友较少。

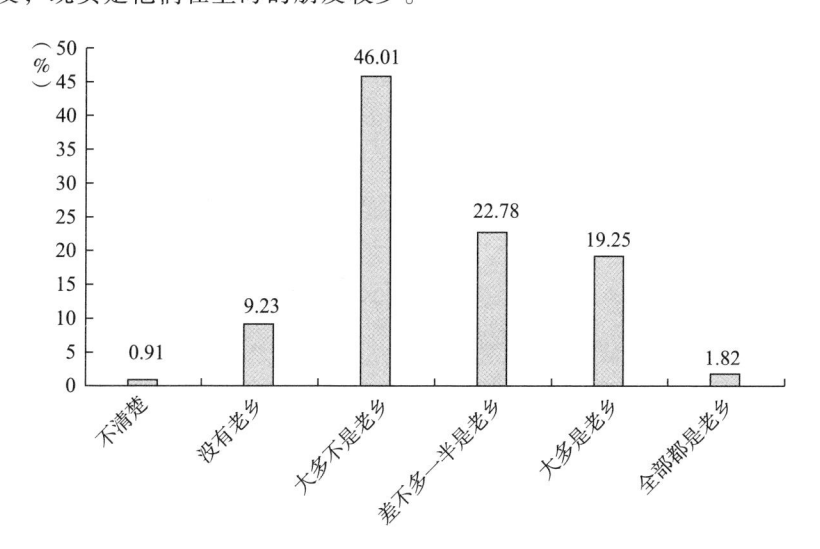

图 10-2 移民群体的外地朋友构成

我们接着看一下这个群体交往的朋友的具体情况。问卷中问了被访者三个最好朋友的相关信息,包括性别、年龄、与本人的关系、是否为上海人以及受教育程度等。这里我们只考察朋友是否为上海当地人的信息。结果如表 10-1 所示。

表 10-1 移民群体三个最好的朋友的属地信息

单位:人,%

朋友	所属地	人数	百分比
第一个朋友(N=820)	上海人	182	22.2
	外地人	638	77.8

续表

朋友	所属地	人数	百分比
第二个朋友（N=804）	上海人	193	24.00
	外地人	611	76.00
第三个朋友（N=777）	上海人	211	27.16
	外地人	566	72.84

移民群体最好的朋友三分之二以上都是外地朋友。由表10-1可知，首先，总体上被访者回答的最好的三个朋友中外地人都是当地人的二倍以上，说明移民群体最好的朋友大部分是外地朋友。其次，随着回答顺序的递进，从第一个最好的朋友到第三个最好的朋友的回答中，上海人的比例和人数逐渐升高，外地人的比例逐渐降低，这进一步说明该群体的上海朋友相对于外地朋友来说亲近性更低。最后，随着回答的递进，回答问题的人数略有下降，说明少部分群体社交范围不是很广。

为了更好地探究移民群体与上海本地人的交往情况，我们进一步将该群体上海朋友的多少情况与来沪时间以及是否说上海话进行交互分析。具体操作为：将上面的"三个最好的朋友"进行重新编码，没有上海朋友取值为0，有1个取值为1，有2个取值为2，有3个取值为3。

表10-2 新社会移民群体当地朋友与来沪时间交互分析

单位：%

来沪时间	上海朋友个数				合计
	0个	1个	2个	3个	
≤5年	75.00	18.42	4.82	1.75	100
5~10年（含10年）	62.57	22.46	12.83	2.14	100
10~15年（含15年）	47.02	28.57	15.48	8.93	100
15~25年（含25年）	39.46	34.69	14.29	11.56	100
>25年	13.16	13.16	21.05	52.63	100
合计（N=768）	55.99	24.48	11.72	7.81	100

新社会移民群体来沪时间越长，上海的朋友越多。由表10-2可知，首先，总体而言，有55.99%的移民群体没有上海朋友，仅有7.81%的人有3个上海朋友，说明这个群体上海的朋友较少。其次，随着来沪时间

的增加,该群体上海朋友的个数也不断增加。来沪时间小于等于 5 年且拥有 3 个上海朋友的比例为 1.75%,远远小于来沪时间大于 25 年的(52.63%)。同样,随着来沪时间的增加,拥有 0 个上海朋友的群体比例也在不断变小,由原来的 75.00% 降到 13.16%。其中值得注意的是,有 1 个上海朋友与来沪时间之间未呈单一的正向关系。一开始随着来沪时间的增长,比例也在增长,但是当来沪时间超过 25 年之后,比例反倒下降了。这可能是受到其他因素的影响,具体的原因有待进一步分析。通过以上分析可知,总体而言,来沪时间的长短对移民群体拥有上海朋友的个数有较为显著的影响。

表 10 - 3 新社会移民群体当地朋友与上海话水平交互分析

单位:%

上海话水平	上海朋友个数				总计
	0	1	2	3	
非常不熟练	63.87	25.16	6.77	4.19	100
不熟练	60.96	22.37	12.28	4.39	100
一般	50.00	26.67	14.44	8.89	100
熟练	9.30	20.93	30.23	39.53	100
非常熟练	6.25	25.00	18.75	50.00	100
合计	55.60	24.45	11.71	8.24	100

从表 10 - 3 来看,上海话越熟练,拥有的上海朋友越多。首先,大部分移民群体拥有的上海朋友较少;其次,随着上海话水平的熟练程度提高,移民群体拥有上海朋友的个数在增加,可能性也不断提高,如在上海话水平由非常不熟练到非常熟练的过程中,拥有 3 个上海朋友的比例由原来的 4.19% 上升到后来的 50.00%,而没有上海朋友的人数比例由原来的 63.87% 下降为后来的 6.25%。和前面的分析一样,拥有 1 个上海朋友也不与上海话熟练水平呈直线的正相关关系,原因有待进一步分析。总体而言,上海话的熟练程度影响移民群体拥有上海朋友的数量。

(二)同事交往

作为有工作的群体,新社会群体的社会交往中很大一部分内容是同事交往。同事交往顾名思义就是在工作场合和同事之间的交往。同事交往相比朋友交往来说有着一定的场域界限，如工作上的合作、上下级之间的沟通等，一旦脱离了这样的场域，换了工作，先前的同事关系对个人的影响相对就没那么大。然而，对大部分的新社会群体来说，同事关系是很重要的，因为他们基本都处于劳动年龄，大部分时间都在工作场所度过。因此同事交往的情况极有可能影响他们的工作和生活质量。

在本次调查中，对所有是雇员身份的受访者进行了有关同事的基本情况的了解，这其中移民群体被调查人数总数为563人，我们先来看一下这563人的同事大致来自哪里。

移民群体的同事中，外地人比例高于当地人。其中44.58%（251人）的人同事大部分为外地人，而当地人和外地人各一半的比例为29.48%（166人），剩下的其中有20.96%（118人）的人认为自己的同事中大多是当地人，4.44%（25人）的人的同事全都是外地人，而仅有0.53%（3人）的人反映自己的同事全部都是当地人。通过以上数据可知，总体而言，移民群体的同事外地人多于当地人。

在第一小节我们分析了移民群体的朋友交往情况，提到了最好的三个朋友的情况。本次调查还涉及朋友与自己是什么关系，如同学、老乡、同事等。这里我们调查新社会群体移民的最好的朋友中有多少是同事关系。

移民群体三个最好的朋友中有一个和自己是同事关系，而好友中当地的同事比例较低。如表10-4所示，在移民群体的三个最好的朋友中，同事的比例分别为：第一个朋友30.73%，第二个朋友33.83%，第三个朋友36.04%。可见，三分之一以上的好朋友关系有着同事的关系。我们进一步可以看一下这三分之一以上的同事关系中，是好朋友的同事又是当地同事的人数比例。根据表10-4可知，当地同事的比例在三个好友中均值在11%左右，可见，移民群体的同事圈子中，当地好友比例不高。

表10-4 最好的三个朋友中同事的比例

单位：人，%

	最好的朋友		
	第一个朋友	第二个朋友	第三个朋友
同事比例	30.73	33.83	36.04

续表

	最好的朋友		
	第一个朋友	第二个朋友	第三个朋友
当地人比例	9.76	11.57	13.26
总人数	820	804	777

工作场合里除了同事的交往关系，我们可以再看看移民群体上下级的交往关系。移民群体的老板和上一级管理者外地人数远高于当地人数，上一级管理者外地人数比例高于老板的外地人数比例。在移民群体的老板（雇主、单位领导）中，外地人的比例为42.73%（235人），外籍（含中国港澳台）的比例为29.27%（161人），25.82%（142人）为上海当地人，剩下的2.18%（12人）为其他地方的人。再看一下上一级管理者的户籍情况，外地人的比例为54.46%（305人），而上海当地人的比例为35.36%（198人），外籍（含中国港澳台）的比例为9.11%（51人），其他的占1.07%（6人）。

结合老板和上一级管理者的情况进行分析可知，移民群体的老板和上一级管理者的当地人人数接近总数的三分之一，而外地人中上一级管理者明显多于老板的人数。另外，老板为外籍（含中国港澳台）的比例多于上一级管理者的比例。

分析了移民群体同事和老板，我们更为关心的问题是：在移民群体的单位中，当地人和外地人之间是否有差别。若是不存在差别，说明该群体在工作中能够通过自己的努力获得工作中的机会，也能够平等地与当地人进行交往。如果差别存在，那么对于他们来说无疑有着较严重的工作歧视问题，这不仅会影响到他们的工作积极性，也会影响他们与当地人的交往。

表10-5 单位里当地人与外地人的差别情况

单位：人，%

单位里本地人外地人是否有差别	差别				
	没有差别	工资待遇有差别	福利保障有差别	升迁有差别	其他差别
比例	54.32	2.50	5.34	1.25	0
人数	478	22	47	11	0

移民群体普遍反映单位里当地人和外地人没有差别。表 10-5 是根据多选题整理的，四项比例仅仅表示有多少人选了这项答案。根据表 10-5，在回答问题的被访者中，其中 54.32% 的被访者认为在单位里当地人和外地人没有差别，有 2.50% 的被访者认为单位中当地人和外地人在工资待遇上有差别，5.34% 的被访者认为福利保障有差别，1.25%（11 人）的被访者认为升迁有差别。通过以上分析可知，虽然当地人和外地人在一些方面上有一定的差别，但总体上差别不大，相对来说较为公平。

（三）邻里交往

流动人口在城市中的居住环境一直是学者们关注的问题。居住环境包括住房设施环境和人文设施环境，前者如住房面积、住房质量、基础设施等，后者则涉及一起居住者的态度和行为，如社区的安全感、邻里之间是否互相帮助等。在这其中，邻里交往是体现居住者居住环境的重要方面。相互帮助、和谐共处的邻里关系能让人的居住质量得到显著提高。而邻里关系的重要测量指标是邻里交往状况。邻里交往主要体现在日常生活中和居住在同一小区的群体的交往情况。

我们看一下移民群体和小区邻居交谈、聊天或相互拜访的频率，如图 10-3 所示。

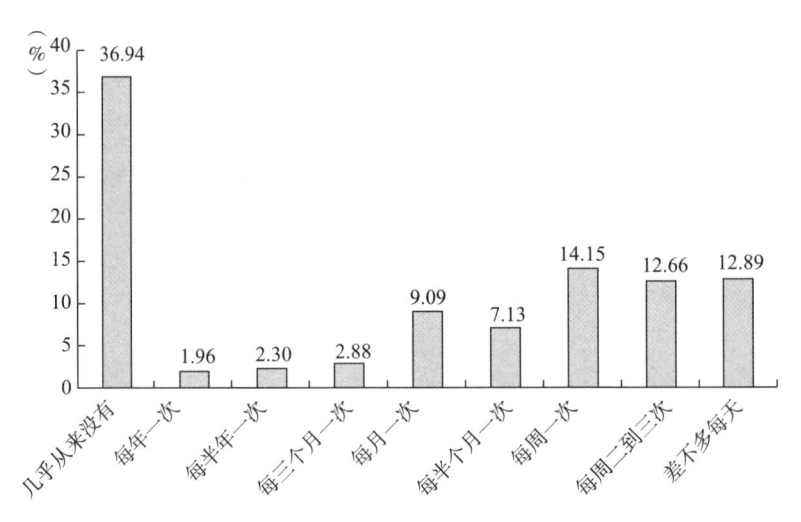

图 10-3 邻里之间交往频率

近一半的移民群体与居住小区邻居基本没有交流。由图 10-3 分析可得，首先，移民群体与邻里之间的交往情况总体上呈 U 形分布，即要么互动较多，要么互动较少。如几乎从来没有交谈、聊天和拜访的情况比例达 36.94%，而每周一次、每周二到三次和差不多每天的比例的总和接近这个数值，其中每周一次的比例为 14.15%，每周二到三次的为 12.66%，差不多每天的为 12.89%。剩下的人数则相对较少，即每年、每半年、每三个月、每个月以及每半个月一次的比例分别为 1.96%、2.30%、2.88%、9.09%、7.13%。

一般来说，移民群体进入一个新的环境需要一定的时间熟悉周围的环境和人，同样邻里也需要熟悉的时间。所以，可以将来沪时间与邻里交往的情况进行交互分析，我们来看一下来沪时间是否对交往情况产生显著影响。

表 10-6 来沪时间与邻里交往频率交互分析表 （N=859）

单位：次

来沪时间	邻里交往频率				
	差不多每天	每周二到三次	每周一次	每半个月一次	每月一次
≤5 年	8.20	5.33	9.43	6.97	7.38
5~10 年（含10年）	12.80	11.37	12.80	8.53	9.48
10~15 年（含15年）	14.87	17.44	15.90	3.59	12.31
15~25 年（含25年）	14.11	19.02	18.40	9.20	8.59
>25 年	21.74	17.39	21.74	8.70	4.35
合计	12.69	12.81	14.09	7.10	9.08

来沪时间	邻里交往频率			合计
	每三个月一次	每半年一次	每年一次	几乎从来没有	
≤5 年	3.28	2.46	1.23	55.74	100
5~10 年（含10年）	1.90	2.37	3.32	37.44	100
10~15 年（含15年）	5.64	1.03	2.56	26.67	100
15~25 年（含25年）	0.61	2.45	1.23	26.38	100
>25 年	2.17	6.52	0.00	17.39	100
合计	2.91	2.33	1.98	37.02	100

分析表 10-6 可知，总体而言，来沪时间越长，邻里之间互动的频率越高。从纵向上看，随着来沪时间的增加，互动频率高的群体比例越来越大，互动频率低的群体比例越来越小。如差不多每天都互动由来沪 5 年及

以下的 8.20%，到来沪 10～15 年的 14.87%，再到来沪时间大于 25 年的 21.74%；另外，几乎从来不互动由来沪 5 年及以下的 55.74%，到来沪 10～15 年的 26.67%，再到来沪 25 年以上的 17.39%。尽管互动频率高和互动频率低的人数占据了大部分比例，但从横向上看，邻里之间还是互动频率少的群体比例大于互动频率高的群体比例。如来沪时间为 5～10 年的比例从每天都互动的 12.80%，到中间每半个月一次的 8.53%，再到最后的 37.44%。还要进一步指出的是，相较于来沪时间大于 25 年的群体，来沪时间 5 年及以下的互动频率明显要低许多，超过半数的来沪时间 5 年及以下的群体几乎从来没有与邻居有过互动。说明来沪时间较短的群体相比来沪时间长的群体与邻里之间进行的互动少很多。

以上是通过互动频率来测量邻里之间的交往状况，接下来从邻里是否相互帮助的角度来进一步测量邻里关系。

移民群体居住小区的邻里之间相互帮助情况不太乐观。问卷中有一题为"如果您和您的家人要外出，您是否可以委托邻居帮您代收快递"。回答的结果如图 10-4 所示。其中 35.87% 的人回答完全没问题，21.57% 的人回答多数情况下没问题；17.76% 的人回答不好说，9.11% 的人觉得不可能，最后有 15.69% 的人回答完全不可能。虽然大部分人认为代收快递没问题，但是近四分之一的人认为不可能或完全不可能，这一比例确实不低。由此可知，邻里之间相互帮助的情况一般。

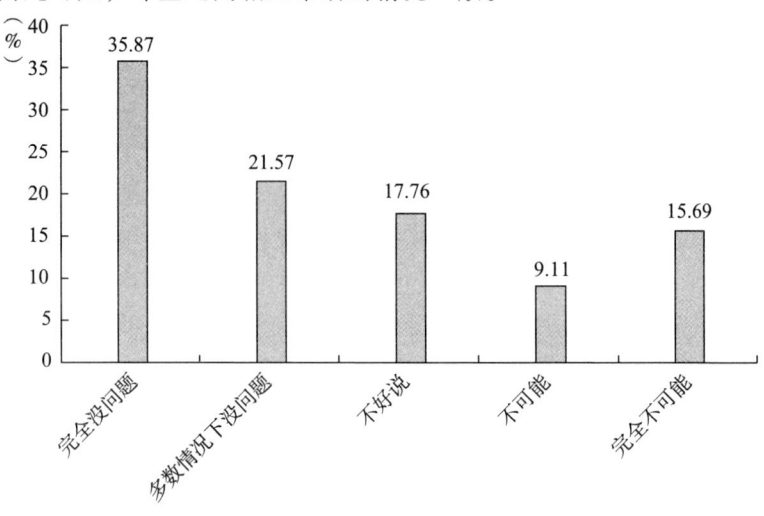

图 10-4 外出让邻居代收快递的可能性

以上我们分析了移民群体的朋友、同事和邻里的社会交往情况。通过以上的分析我们可以得知，移民群体总体社会交往情况处于边界状态，即朋友交往主要以外地人为主，工作中与同事的交往关系一般，与当地人的邻里关系虽然随着来沪时间有所加强，但是相互了解并不够，相互帮助的状况有待改善。

二 社会认同

外来群体进入一个新的环境和新的群体中的时候，往往会面临社会认同的问题。这种社会认同过程涉及的是主体与客体双向的主观认同过程。一方面外来群体需要适应当地环境，从衣食住行到风俗语言，都需要经历一个缓慢的适应过程。另一方面，当地环境或群体对于新加入者的态度也是社会认同的一部分，它体现出其对新来者的欢迎程度。而在这个过程中，新来者有的可能会很好地适应当地的环境，与其他当地人融为一体，而更有可能的是，新来者倾向于认同原来的社会文化环境而产生对当地人的认同问题。

新社会群体区别于一般的流动人口，他们相对来说受教育程度更高，大多从事非体力劳动，工作环境相对来说舒适，收入较为稳定。然而，他们依然面临着很多问题和压力。首先，他们中很多人为非沪籍者，在上海的社会福利待遇与有沪籍者有所区别。其次，快节奏的生活和工作使他们面临非常大的压力，而高昂的生活成本和住房价格让他们在城市的生活更加艰辛。最后，在文化层面上他们面临的问题就是社会认同问题。对于他们而言，社会认同的直接体现就是归属感。无论是群体、社区还是整个城市，只有真正让个体有归属感才能让个体感受到"城市，作为一种生活方式"的存在。

（一）城市的认同

在凯文·林奇的《城市意向》一书中，城市认同被分为几个不同的层次。首先，市民通过对城市多种意象的心理感知，达到对城市的主观认知与评价；其次，市民在心理层面对城市产生认同感（林奇，2001）。从本质上来说，这是个体对城市的外观架构和设计元素的自我评价，不涉及城市作为生活场所的主观适应性。对于生活在城市中的个体而言，对城市认同非常重要的一个方面是，是否认为自己属于当地的一部分和当地对自己的认同程度，这是本小节关注的问题。

多数移民群体表示喜欢或比较喜欢上海。有23.23%的人很喜欢上海，有38.33%的人比较喜欢上海，这说明有六成以上的人喜欢上海这座城市。接着，有32.15%的人对上海的态度一般，剩下的分别有3.55%和2.75%的人不太喜欢和很不喜欢上海。尽管有少部分群体不喜欢甚至是很不喜欢上海，但是大部分人还是喜欢上海的。

（二）当地人的认同

一直以来，移民对新社会身份的完全认同被作为衡量其社会适应的重要指标（张文宏、雷开春，2009）。个体与群体之间的认同是相互的，只有在相互认同的基础上才能说明个体真正融入了新的群体和环境。同样，对于进入上海的移民群体而言，能否在上海获得归属感，不仅取决于他们是否主动融入当地人的文化和生活，也取决于当地人对他们这个新来的群体的态度。因而，就当地人的认同来说，本小节主要从移民群体自身和上海当地人两个角度进行分析。

近一半的移民群体不认为自己是上海人。当问到"您认为自己是上海人吗"的时候，从非常不认同到非常认同按照1分到7分打分，移民群体的回答如图10-5所示。其中接近三分之一（29.29%）的人认为自己完全不是上海人，回答为"一般"的比例为35.13%，较多人持中间（4分）的态度，而对自己是上海人认同程度在"一般"以上的人数比例为17.62%。可见，移民群体多数不认可自己的上海人身份。

紧接着上一个问题，如果不认同自己是上海人，那么他们认为自己是哪里人呢，根据被访者的回答，如图10-6所示，59.60%的人认为自己是外省人，25.18%的人认为自己是新上海人，4.57%的人认为自己既是新上海人也是外省人。可见，很多人并没有把自己作为上海群体的一部分，多认为自己是外省人；部分群体认为自己与当地人相比仍然是新来者，所以认为自己是新上海人；还有部分群体出现了认知障碍，无法对自己的身份进行明确的定义。

以上是移民群体对上海人的喜欢程度和对自我身份的认识，他们对上

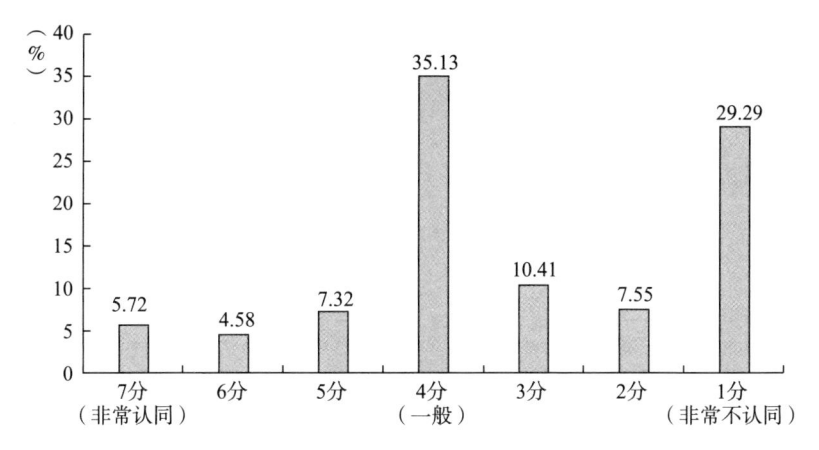

图 10-5 "自己是上海人"的认同情况

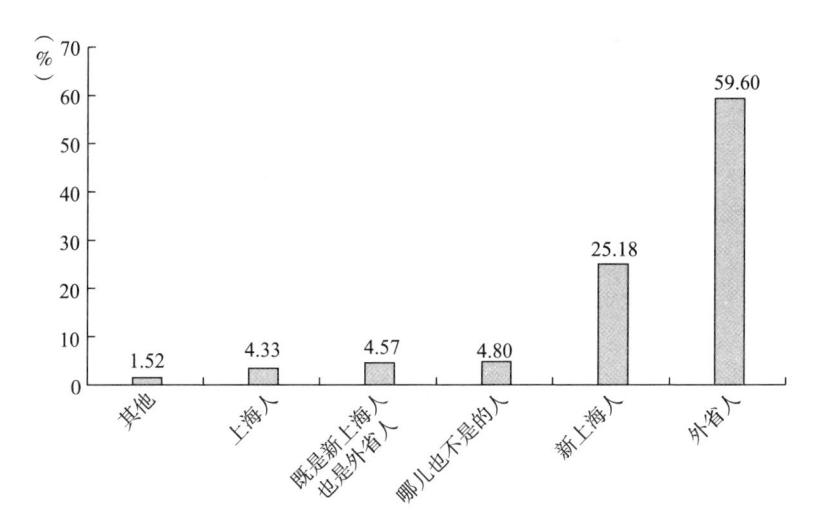

图 10-6 "认为自己是哪里人"答案分布

海人的态度如表 10-7 所示，89.48% 的移民愿意和上海人一起工作，94.46% 的人愿意和上海人居住在同一社区，92.15% 的人愿意上海人居住在自己家隔壁，84.38% 的移民愿意邀请上海人来自己家；85.36% 的人愿意让自己的亲属或子女和上海人谈恋爱。相比前三者来说，邀请上海人来自家做客或让上海人与自己的亲属或子女谈恋爱两种更为亲近的行为在移民群体这里获得的"愿意"概率降低。这说明，移民群体虽然大体上愿意与上海当地人一起工作和生活，但是会与他们保持一定的距离。

表 10-7 移民对上海人的态度

单位：%

活动	是否愿意	比例	样本数
和他/她一起工作	愿意	89.48	N = 865
	不愿意	10.52	
他/她居住在您社区	愿意	94.46	N = 866
	不愿意	5.54	
他/她居住在您隔壁	愿意	92.15	N = 865
	不愿意	7.74	
邀请他/她来您家	愿意	84.38	N = 864
	不愿意	15.63	
亲属或子女与他/她谈恋爱	愿意	85.36	N = 847
	不愿意	14.64	

移民群体对当地人的态度是社会认同的一部分，另一部分是当地人对外来群体的态度。上面已经讨论了移民群体的自我身份认知和其对当地人的态度，那么当地人对移民群体的态度如何呢，还是同样的问题，我们分析一下当地人的回答是怎么样的，如表10-8所示。

表 10-8 上海人对移民的态度

单位：%

活动	是否愿意	比例	样本数
和他/她一起工作	愿意	98.12	N = 681
	不愿意	1.88	
他/她居住在您社区	愿意	95.45	N = 682
	不愿意	4.55	
他/她居住在您隔壁	愿意	90.75	N = 681
	不愿意	9.25	
邀请他/她来您家	愿意	79.64	N = 668
	不愿意	20.36	
亲属或子女与他/她谈恋爱	愿意	70.21	N = 658
	不愿意	29.79	

从表 10-8 看，98.12% 的当地人表示愿意与移民群体一起工作，95.45% 的当地人表示愿意与移民群体居住在同一社区；90.75% 的当地人愿意移民群体居住在自己家的隔壁。而只有 79.64% 的当地人表示愿意邀请移民群体来自己家做客。另外只有 70.21% 的当地人愿意自己的亲属或子女与移民群体谈恋爱。可见，总的来说当地人对移民群体的态度相比移民群体对当地人来说更为保守，特别是在后面两个问题上，即是否愿意邀请对方来家里，是否愿意自己的亲属或子女与对方谈恋爱。我们由此得知，相比移民群体对当地人来说，当地人更排斥移民群体。

由以上分析可知，新社会群体中的移民群体对自己为当地人的身份认同度较低，尽管他们相较于当地人来说更乐意与当地人交往，但是当地人在一定程度上对他们有距离感。

（三）社区认同

社区作为城市行政规划最小的单位，不仅有着行政上的功能，更重要的是为市民提供栖息和生活场所。人们进入一个新的社区生活意味着需要面对一个新的生活环境，社区认同主要是指移民群体对社区作为一种日常生活环境的适应程度。

先看一下移民群体对所居住的小区的满意程度。很多人对自己所住社区的满意程度为一般，比例为 47.25%，有 36.55% 的移民表示对所住社区满意，4.75% 的人表示非常满意，8.85% 的人表示不满意，另外有 2.60% 的人表示非常不满意。

尽管对小区的满意度不是很高，但是移民群体对社区的评价还可以从另一个角度进行衡量，即小区是否能让该群体"对居住的小区有家的感觉"。可以分析一下该群体对该问题的回答情况，如图 10-7 所示。

由图 10-7 可知，关于"对居住的小区有家的感觉"这种说法，有 43.58% 的人表示同意，有 5.56% 的人表示非常同意，可见接近半数的人对自己所住的小区有家的感觉；有 36.31% 的人对此种说法表示一般；11.70% 的人不同意，而有 2.85% 的人非常不同意。可见，尽管移民群体对社区的满意度较低，但是其中有更多的人认为自己所住的社区能给他们家的感觉。

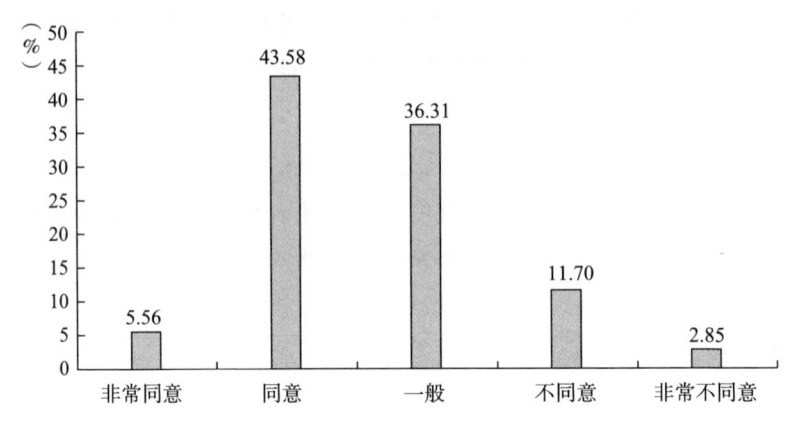

图 10－7　是否"对居住的小区有家的感觉"

三　小结

进入 21 世纪之后，中国的流动人口在数量、流动方向、现实的需求等方面都发生了变化（李晓壮，2017）。党和国家对流动人口的社会融合问题高度重视，出台了一系列促进流动人口社会融合的政策和文件。因此，对社会融合的过程进行分析和探讨有着重要的意义。

社会融合是一个长期的过程，在这个过程中需要多个对象的参与。社会融合不仅需要外来群体主动适应和了解当地的文化，也需要当地群体和环境对新来者的包容。本章主要分析了新社会群体中的移民群体在上海的社会融合状况。社会融合状况可以从社会交往和社会认同两个角度进行分析。

我们主要从朋友交往、同事交往和邻里交往三个方面来了解移民群体的社会交往状况。朋友交往主要从交往环境、朋友交往的类型进行考察，同事交往主要从同事的类型进行分析，邻里交往主要从邻里互动的频率、不同群体的邻里互动模式进行分析。研究分析发现，首先，从朋友交往来看，移民群体在上海的朋友中外地人远远多于当地人，但移民群体的外地朋友大多不是老乡，另外，移民群体最好的朋友三分之二以上是外地朋友，移民群体当地朋友的个数与来沪时间、上海话熟练程度有着一定的关系。其次，从同事交往来看，移民群体的同事中，外地人比例高于当地人，并且移民群体三个最好的朋友中有一个和自己是同事关系，但好友中当地人同事比例较低。此外，移民群体的老板和上一级管理者外地人的人数远多于当地人人数，上一级管理者是外地人的比例高于老板是外地人的比例。同时，移民群体普遍反映单位里当地人和外地人没有差别。最后从邻里交往来看，近一半的移民群体与所居住小区邻居基本没有交流。来沪时间越长，邻里之间互动的频率越高。移民群体居住小区的邻里之间相互帮助的情况不太乐观。从以上分析可知，总体而言，移民群体的社会交往有很大的改善空间。

我们主要从城市的认同、当地人的认同、社区的认同三个方面对社会认同进行考察，既从移民群体的主观角度去了解他们对城市、当地人和所住社区的认同情况，也从这三者对于作为新来者的移民群体的态度进一步分析存在的问题。研究发现，从城市认同上看，多数移民群体表示喜欢或比较喜欢上海，但大部分人并没有把自己作为上海群体的一部分，认为自己是外地人，部分人认为自己与当地人相比还是新来者，所以认为自己是新上海人。移民群体虽然大体上愿意与上海当地人一起工作和生活，但是会与他们保持一定的距离。从社区认同上看，大部分人认为其所在社区不尽如人意。尽管移民群体对社区的满意度较低，但是有更多的人还是认为自己所住的社区能给他们家的感觉。

第 11 章　社交媒体

社交媒体是互联网时代的产物。在互联网时代，社交媒体成为人们彼此之间用来分享意见、见解、经验和观点的工具和平台。在当今社会，社交媒体传播的信息已成为人们浏览互联网的重要内容，影响着当今社会生活的方方面面。目前，使用新型社交媒体，已经成为数以亿计的互联网用户日常重要的行为习惯。社交媒体的日益广泛使用，也改变了人们的生活方式和交流方式。新型社交媒体不同于传统媒体，在社交媒体时代，人与人之间的社会交往摆脱了地域和身份的限制，使得社会关系松散的人们变得互动频繁；互联网的匿名性特点，可以让人们在网络空间中更加积极发表自己的观点；兴趣相同或观点一致的人们经常聚在一起讨论，形成形形色色的虚拟社会网络空间。

社交媒体的使用，不仅导致信息交流渠道的改变，也可以导致社会权力结构的变化。网络化时代，通过使用互联网，人们可以获得一种单向或多向改变自己思维模式、行为方式与沟通行为的权力，这同时可以产生相应的社会影响力。通过汇集在虚拟空间的网民发表观点、传递消息、进行时事评论等行为所展现出的权力，比如微信、QQ 群、微博和上网跟帖等，网络空间形成了不同于传统权力结构的新型权力（刘少杰，2011）。

同时，社交媒体的使用也开始对民众的价值观产生影响。随着经济发展、城市化、工业化、资讯发达等这些现代化因素的影响越来越大，当基本的物质需求已经得到满足，人们开始追求自我表达价值，比如注重社会参与机会、言论和观点的自由表达等（Inglehart and Welzel, 2005）。数据表明，经济社会的现代化使民众更加关注自我表达价值，对少数群体、不同的观念、不同的生活方式有更大的包容性（Wang, 2005）。

一　社交媒体的使用情况

从广义来说，社交媒体涵盖了所有数字化的媒体形式，包括所有数字化的传统媒体、网络媒体、移动端媒体、数字电视、数字报刊等。从国内目前的情况来看，社交媒体主要包括社交网站、微博、微信、QQ、博客、论坛、播客等。在我们的问卷中有一道题为："您有多经常在网上（如手机、电脑、pad 等）搜集或阅读一下相关的信息或其他活动？具体包括以下四类：时事新闻，健康相关信息，使用 QQ、微信或其他社交网站（社交工具），玩游戏、看视频、听歌等娱乐活动。"答案分为从来不、偶尔、有时、经常、几乎每天。图 11-1 就是关于这一问题的具体统计数据。

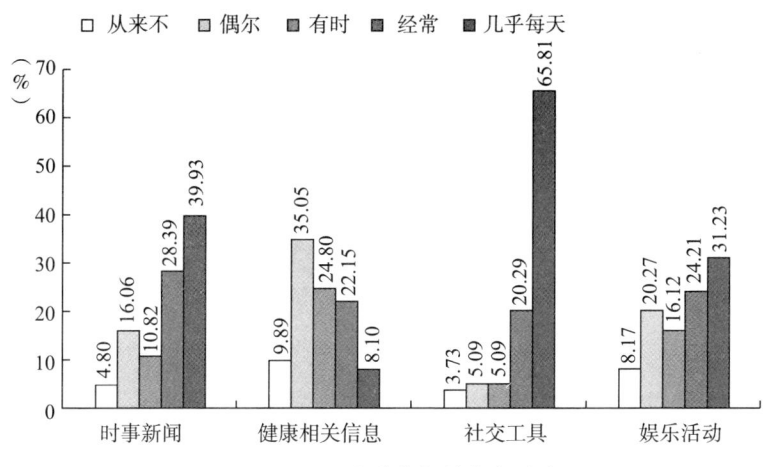

图 11-1　网上收集相关信息活动

由图 11-1 可以看出，社交媒体已经成为新社会群体使用最频繁的互联网工具。新社会群体在互联网上进行的最频繁的活动是使用 QQ、微信或其他社交网站。具体而言，几乎每天都使用的人所占比例为 65.81%，如果再算上经常使用的受访者（20.29%），两者占比超过了新社会群体的 4/5。由此可见，人们越来越离不开新媒体社交软件。值得一提的是微信，它是近些年在延续腾讯 QQ 功能的基础上发展迅猛的聊天软件，可图文、可视频，也可语音，给人们的生活带来极大的方便，在社交平台中占据越来越重要的地位。

在社交媒体上，人们最频繁的活动为阅读时事新闻，几乎每天使用和经常使用的比例为68.32%。可见互联网的发展极大地丰富了人们的信息资源，人们可以随时随地浏览时事新闻。有31.23%的新社会群体几乎每天在互联网上娱乐，经常在网上进行娱乐活动的新社会群体的比例为24.21%，两类合计共占据总体的55.44%。

相比较而言，在网上看健康相关信息的新社会群体较少，其中，几乎每天都看的人仅占8.10%，经常和有时使用的分别为22.15%、24.80%，而偶尔进行该活动者占了35.05%。从调查统计数据来看，社交活动是最受新社会群体欢迎的互联网行为，其次是阅读时事新闻和娱乐活动。

二 了解新闻的渠道

本次调查询问了受访者了解国内新闻的各种渠道。由图11-2可以看出，有84.39%的新社会群体使用互联网（包括手机上网），51.61%选择通过电视了解新闻，选择报刊和电台广播的各占约14%。显而易见，在互联网时代，社交媒体已经成为人们了解国内新闻的主要渠道，新社会群体对互联网的依赖程度也比较高。与此同时，我们也不难看出，使用电视这一大众媒体仍然是大多数中国人了解国内新闻的形式，但互联网已经逐渐追赶上并超过电视这一传统的媒体的普遍程度。

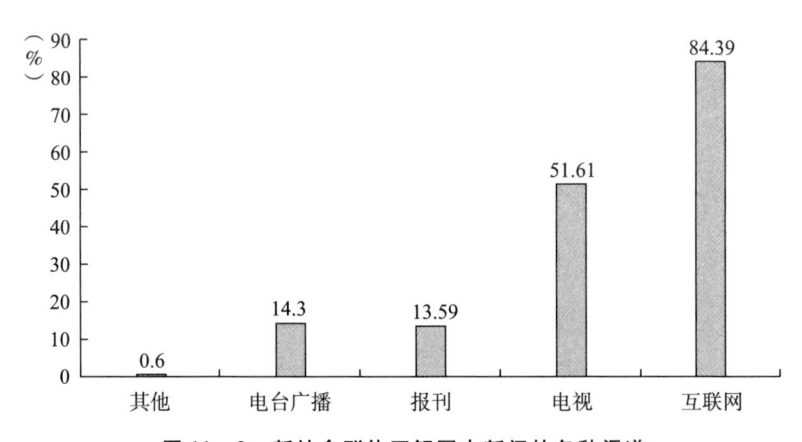

图11-2 新社会群体了解国内新闻的各种渠道

如果把上述结果分年龄段来看，则可以发现一些特定年龄段的规律。图11-3显示，年龄越大的新社会群体，使用电视来了解国内新闻的比重越高；相反，年龄越小的新社会群体，使用互联网的比重越大。

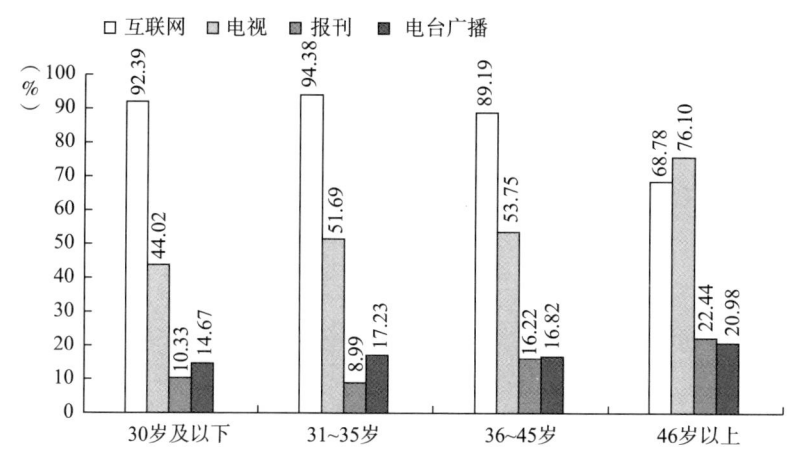

图 11-3　了解国内新闻各种渠道的年龄差异

具体而言，从图 11-3 可以看出，使用互联网（包括手机上网）获取国内新闻的新社会群体比例会随着年龄的增加而下降；较为突出的就是 35 岁及以下的新社会群体，他们通过互联网渠道获取国内新闻的比例超过 90%，也就是说互联网几乎是年轻新社会群体获取实时信息最重要的途径；而使用电视获取国内新闻的情况则刚好相反，使用它的新社会群体比重随着年龄的增加而上升，这说明中老年群体更多地选择通过电视来了解国内新闻。从不同年龄的人群使用不同传媒形式中，我们可以看到社会发展的印记，互联网的兴起与新一代年轻人一起成长起来是相伴随的，年轻人对于互联网的认识度和熟悉度远远高于年龄较大的人群。此外，从图 11-3 可以看出，使用报刊和电台广播的新社会群体年龄差异并不明显，且比重都在 20% 左右，这说明报刊和电台广播已经不再是新社会群体获取国内新闻的主要渠道。

人们如何使用互联网了解国内新闻呢？图 11-4 展示了人们使用互联网了解国内新闻的主要途径。不难看出，门户网站是被使用最为广泛的平台，使用比例占到了新社会群体的 75.83%。所谓门户网站就是指通向某类综合性互联网信息资源并提供有关信息服务的应用系统，在我国最著名的门户网站有四个（新浪、网易、搜狐、腾讯）。其次，应用较为广泛的是各种社交媒体，包括 MSN、QQ、微信等即时通信工具和博客/微博，使用的新社会群体的比例分别为 64.54%、34.73%。这些信息反映，受访者更倾向于通过较为正规的途径（如门户网站）来获取国内新闻信息。

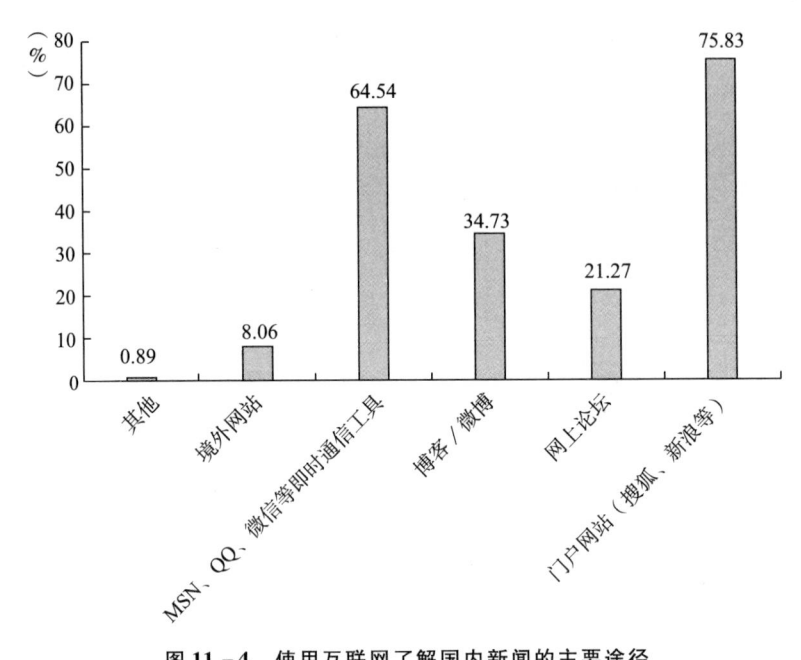

图 11-4　使用互联网了解国内新闻的主要途径

新社会群体使用互联网了解国内新闻的偏好模式的性别差异不明显。新社会群体男性的选择偏好依次为门户网站（81.25%）、MSN、QQ、微信等即时通信工具（62.21%）、博客/微博（28.78%）、网上论坛（22.24%）、境外网站（9.59%）及其他（1.31%）；而女性新社会群体的选择偏好和男性是一样的排序。男女获取信息渠道的差别主要在于首选的方式是哪一种（见图11-5）。较之于男性，女性新社会群体更倾向于选择通过 MSN、QQ、微信等即时通信工具来获取国内新闻，而男性浏览门户网站的人较多。与此同时，互联网不仅是为人们提供信息的平台，其更多的是作为社交工具来供人们使用。

此外，不论是什么学历的新社会群体，门户网站和 MSN、QQ、微信等即时通信工具都是新社会群体了解国内新闻的两大主要渠道。不同学历的人群受周边环境的影响可能有不同的选择。由图 11-6 可知，学历越高，使用门户网站了解国内新闻的比例越高；本科和研究生学历分别占 80.23% 和 81.89%。网上论坛和博客/微博的使用比例差异也和上述情况一样。但是值得一提的是，使用 MSN、QQ、微信等即时通信工具的比例随着受教育程度的提高有所下降，这可能和不同受教育程度人群的习惯偏好有关。

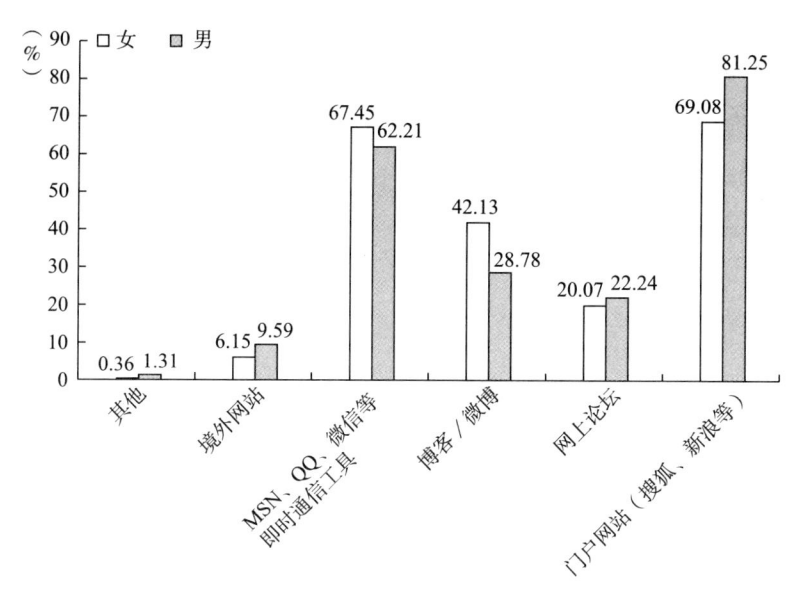

图 11-5 使用互联网了解国内新闻主要途径的性别差异

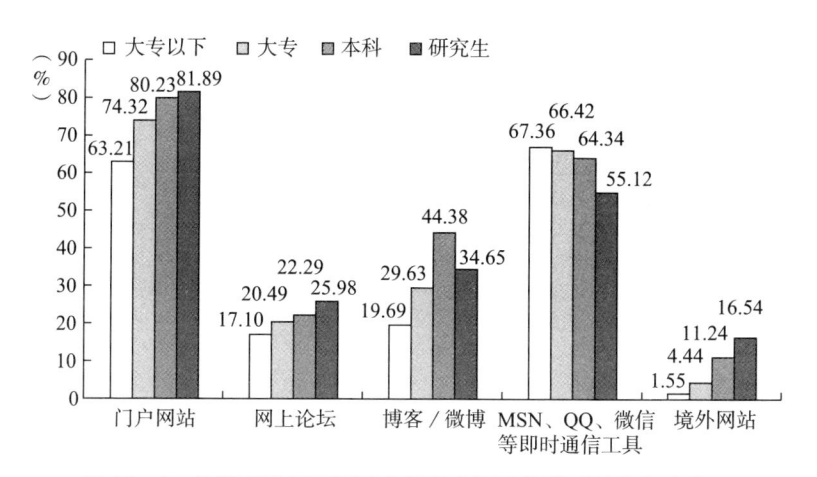

图 11-6 使用互联网了解国内新闻主要途径的受教育程度差异

三 评论和转发

新社会群体使用社交媒体，除了浏览新闻等，还有评论各种事情和转发文章等。布迪厄的场域理论认为，社会场域是由许多社会次场域构成的，每个次场域在整个社会空间中所占据的位置都不相同但又缺一不可。

政治、经济、文化因素是社会场域中的元场域，它们对整个社会场域中的其他场域有着重要影响。关于新社会群体使用社交媒体中的评论和转发行为，媒介场和用户心理场是影响新社会群体行为发生的直接因素。人们热议转评的话题不局限在娱乐方面，还包括政治、经济、社会、文化等方方面面，由此可见个体行为与社会场域之间的关系。

本次调查询问了被访者近一个月是否有在网上经常评论和是否在网上经常转发的行为。近一个月内经常在网上评论的总人数为139人，占新社会群体总人数的11.2%，而选择不评论的占到了88.8%；近一个月内经常在网上转发的总人数为275人，占总人数的22.16%，而不转发的受访者占总人数的77.84%。这些数据反映，新社会群体在互联网上为"沉默的大多数"；但是在互联网评论与转发两种行为中，新社会群体相比较而言则更倾向于转发这一行为。

表11-1展示了不同受教育程度受访者的互联网转发行为。从中可以看出，在1241个有效样本中，转发行为占比最高的是大专以下学历人群（31.61%），转发行为占比最低的是研究生学历群体（18.89%）。这些数据基本说明了互联网作为一个虚拟的公共场所，受教育程度越低的人，越容易发生从众行为，通过转发信息来表达自己的意见；而受教育程度高的人则宁可选择沉默，也不愿意"冒险"转发，表明该群体的自我保护意识较强，不轻信、不盲从，更具有独立思考的特质。

表11-1 是否在网上经常转发的受教育程度差异

单位：人

学历	在网上是否经常转发		
	是	否	合计
大专以下	61	132	193
大专	86	319	405
本科	104	412	516
研究生	24	103	127
合计	275	966	1241

从年龄上看，在互联网转发行为中，相对比较活跃的是26~35岁群体。不同年龄的新社会群体对互联网的认知和使用情况存在差异，从表

11-2 中可以看到 25 岁及以下群体和 36~40 岁群体在互联网转发行为中的频数比较少,分别只有 43 人和 39 人,也就是说他们中的多数还是选择做隐形人。

表 11-2 是否在网上经常转发的年龄差异

单位:人

年龄	在网上是否经常转发		
	是	否	合计
25 岁及以下	43	143	186
26~30 岁	58	229	287
31~35 岁	63	228	291
36~40 岁	39	158	197
41 岁及以上	63	199	262
合计	266	957	1223

另外,从年龄上看互联网评论行为的差异发现,随着年龄的增大,在网上进行评论的行为越来越少。具体来看,25 岁及以下组和 26~30 岁组网上评论的频数较多,分别是 38 人和 37 人,但是 31 岁以上,网上评论的行为开始慢慢减少,31~35 岁组有 24 人选择评论,36~40 岁组有 20 人选择评论,41 岁及以上的只有 18 人选择评论。可见媒体的不断更新发展,使得群体的类别也在不断更新,不同的群体会因相同的观念、目标和利益而联结在一起。

表 11-3 是否在网上经常评论的年龄差异

单位:人

年龄	在网上是否经常评论		
	是	否	合计
25 岁及以下	38	148	186
26~30 岁	37	250	287
31~35 岁	24	267	291
36~40 岁	20	177	197
41 岁及以上	18	244	262
合计	137	1086	1223

评论和转发行为具有一定的关联性。在网上不经常评论的人也更多地不会有转发行为,这类人有912人,占据多数;也有85人选择既经常在网上评论也经常在网上转发,这类人就是所谓的网络活跃分子,他们既容易出现从众心理下的模仿认同,也可能发生群体极化下的集体失范;此外还存在一部分人(190人),他们不经常在网上评论,但是经常在网上转发,这可能是由于网络社会规范的不稳定性造成社会主体认同的多样分化。一方面,成员责任的分散性、网络社会的虚拟性以及个体化的价值观,使得成员之间难以建立信任关系,不会直接表达观点;但是另一方面,网络信息与自己的兴趣、需求相同,加上网络社会关系的隐匿性而选择相对保守安全的转发行为。总体而言,上海作为沿海地区的发达城市,其新社会群体并没有在网络中表现出很高的积极性,从数据中可以看到,在网络中充满着数量比较多的"隐形人"。

表11-4 评论和转发行为的交互

单位:人

在网上是否经常评论	在网上是否经常转发		
	是	否	合计
是	85	54	139
否	190	912	1102
合计	275	966	1241

四 小结

随着社会的发展,传统的媒体环境发生了巨大变化。各种新型社交媒体出现,人们的媒体使用方式也随之发生了巨大变化。大数据时代已经到来,新社会群体使用新型社交媒体已经成为一种趋势。新型社交媒体的普及,也正在慢慢改变着人们的生活方式和生活习惯。本章通过对新社会群体使用互联网的情况、获取国内新闻的渠道以及网上转发和评论行为的分析,可以得出以下几个发现。

使用社交媒体已经成为大多数新社会群体每天要做的事情。几乎每天使用QQ、微信或其他社交网站来获取信息的新社会群体在一半以上,由此可看出，新社交媒体的出现极大地满足了现代人休闲娱乐时间碎片化的需求，同时也满足了随时随地进行互动的需要。可见，网络和手机平台已经成为人与人之间进行社会交往、接收信息、获取知识的重要途径。

从社交媒体使用者的年龄上看，年轻人是绝对主力。社交媒体已经成为年轻人获取信息、沟通交流和休闲娱乐的主要途径，是他们生活中不可或缺的重要组成部分。这与年轻人本身的群体特征有关，年轻人好奇心强、思维活跃，新型社交媒体平台的出现比较容易刺激他们自我表达的欲望。同时，虚拟空间的隐匿性和开放性也给予年轻人更多的自由。调查发现，随着年龄的增大，使用电视来了解国内新闻的人的比重会增加。以微信、微博等新社交媒体平台为媒介，以快捷迅速、短小精悍为特征的文化传播时代，即"微时代"已经到来。

新社会群体在网络空间多属于"沉默的大多数"。互联网作为主流价值观的舞台，使得公众个体的地位被提高，普通民众同样可以成为被社会关注的焦点。虽然新型社交媒体作为一种可自由表达、无限传播的信息平台，它的信息传播方式多种多样，评论和转发功能也是其魅力所在，但是评论和转发行为受到其他因素的制约。新型社交媒体是一个信息化平台，同时也是各类用户引起民众注意力的公共空间。用户只有为民众提供有价值的信息，他们的博文才有可能得到关注、转发和评论，这一过程是传播媒介、用户心理、社会影响共同作用的结果。社会的变化会给个体带来相应的改变，个体在对社会进行适应的过程中，其心理场也会随之改变，心理场的变化会直接影响个体行为，对网民的转发和评论行为的考察也需要结合媒介场、心理场、社会场进行具体分析。

第 12 章　社会信心

社会信心是指对国家的经济社会发展形势，对物价、教育、社会保障、治安、食品安全、社会公平公正、就业和社会风气等宏观层面以及对个体的收入、住房、工作、健康、发展机会等微观方面的主观感受进行综合判断后得出的对未来发展前景的看法和预期（李汉林、魏钦恭，2013）。从社会信心的影响结果而言，信心不足会降低人们的预期行为或者改变行为取向，社会民众总体的信心会出现不足或溃散，进而影响整个社会的发展前景。特定时期、特定群体的行为预期和社会信心状况会对其行为产生关键性影响，进而对社会发展形成积极或消极的后果（刘世定，2009）。

社会信心既是一个时期民众的总体性心理预期，具有稳定性，同时也会受到客观环境和宏观结构变迁的影响。关于社会信心，学界没有一致的概念认定，依据信心所指涉对象的不同有着不同的具体含义（张彦、魏钦恭、李汉林，2015）。从 2009 年开始，欧盟每年对其成员国进行社会环境状况的调查与监测，报告总体的社会发展程度和社会环境状况。[①] 此外，世界经济论坛每季度都会对全球信心进行评估并得出全球信心指数。[②] 也有学者从一般生活信心和特殊生活信心两个方面对社会信心指数进行了分析。一般生活信心是个人对其生活的总体评判；特殊生活信心是对不同生活领域的具体评价，在此基础上，可以通过建模的方式进行测量，既可以测量特殊生活信心，也可以测量一般生活信心，将两部分进行加总和加权后，得到社会信心指数的总和（Shin and Johnson，1978）。

新时期以来，我国经济建设取得重大成就，经济保持高速增长，改革

[①] 资料来源：http://ec.europa.eu/commfrontoffice/publicopinion/archives/eb_special_439_420_en.html。

[②] 资料来源：http://news.sohu.com/10/24/news205742410.shtml。

全面发力,人民生活不断改善。在这种背景下,我们试图研究新社会群体的社会信心状况,通过相关数据的统计与分析,结合大的时代背景和社会背景,以期得到民众的社会信心整体状况。

一 社会信心的总体状况

本研究将社会信心的概念从两个方面进行操作化,即个体生活预期(见表 12-1)和社会环境预期(见表 12-2)。前者得到一个 5~35 分的个体生活预期值,分值越大代表个体对生活期望越高;后者得到一个 6~24 分的社会环境预期值,分值越大代表个体对社会期望越高。然后将两个维度进行相加,得到社会信心指数,分值越大,表示社会信心越强。计算公式:社会信心 = 个体生活预期 + 社会环境预期

表 12-1 个体生活预期测量指标

指标	很不同意	不太同意	不同意	中立	同意	比较同意	非常同意
1. 我对自己的生活感到满意	1	2	3	4	5	6	7
2. 直到现在为止,我都能够得到我在生活上希望拥有的重要东西	1	2	3	4	5	6	7
3. 我的生活大致符合我的理想	1	2	3	4	5	6	7
4. 我的生活状况非常圆满	1	2	3	4	5	6	7
5. 如果我能重新活过,差不多没有什么东西我想改变	1	2	3	4	5	6	7

表 12-2 社会环境预期测量指标

指标	很严重	比较严重	不太严重	不严重
1. 环境污染的风险	1	2	3	4
2. 食品安全的风险	1	2	3	4
3. 转基因食品的风险	1	2	3	4
4. 流行性疾病的风险	1	2	3	4
5. 社会治安的风险	1	2	3	4
6. 交通出行的风险	1	2	3	4

通过测算社会信心指数，本研究得到了整体的社会信心指数。新社会群体的社会信心指数的平均值为39.32，最小值为19，最大值为58，标准差为6.21。新社会群体的社会信心指数主要集中在33~43，社会信心指数极高者或极低者都属于少数。新社会群体在技术、知识、能力等方面占有一定的优势，对于未来更有信心，总体来看，新社会群体的社会信心指数比较高。但由于城市发展迅速，住房、交通、生活等的成本不断加大，仍有一部分新社会群体社会信心不足（见图12-1）。

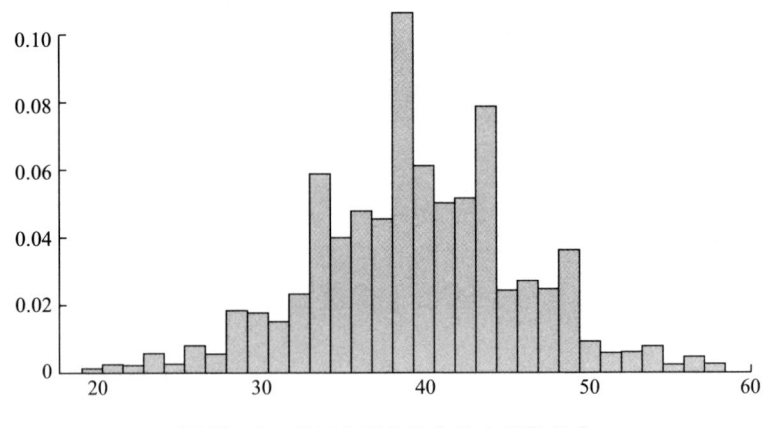

图12-1 新社会群体社会信心指数分布

（一）个体生活预期

通过对社会信心指数的计算，我们发现，个体生活预期指数的平均值为21.74，最小值为5，最大值为35，标准差为5.41。新社会群体的个体生活预期指数主要集中在10~30，对个体生活预期极低者或极高者都是少数。从现实情况来看，青年人在新社会群体中占据绝对比例，大城市尽管生活压力大，但与之相伴随的必然是机会多、平台广，青年人有活力有朝气，对自己未来的生活充满信心（见图12-2）。

个体生活预期指数包含了："我对自己的生活感到满意""直到现在为止，我都能够得到我在生活上希望拥有的重要东西""我的生活大致符合我的理想""我的生活状况非常圆满""如果我能重新活过，差不多没有什么东西我想改变"五个具体指标。每个指标均代表不同含义，对新社会群体目前的生活状况、期待的生活等进行了测量。

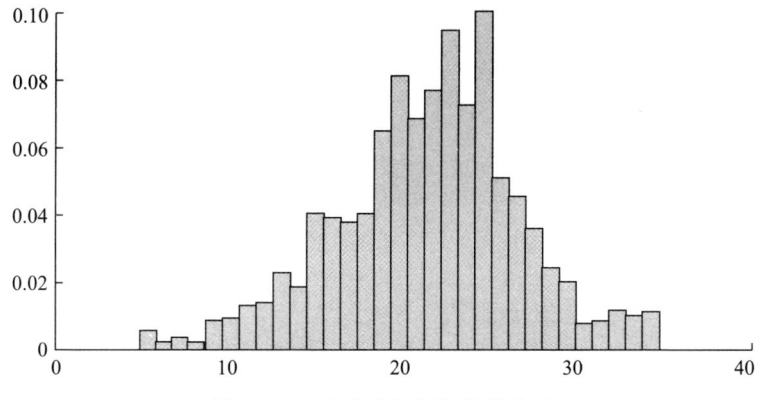

图 12－2　个体生活预期指数分布

66.6%的新社会群体被访者"对自己的生活感到满意"（非常同意占 5.0%，比较同意占 21.5%，同意占 40.1%），仅有 11.3%的人表达了不同意意见（很不同意占 1.0%，不太同意占 5.2%，不同意占 5.1%），还有 22.1%的人持中立观点。整体来看，约三分之二的新社会群体对现在的生活表示满意，满意度较高。

61.0%的新社会群体被访者认为，"到现在为止，在生活上都能够得到希望拥有的重要的东西"（非常同意占 3.7%，比较同意占 16.9%，同意占 40.4%），有 20.0%的新社会群体表达了不同意意见（很不同意占 1.9%，不太同意占 7.7%，不同意占 10.4%），还有 19.0%的人持中立观点。与"我对自己的生活感到满意"相比，此选项的满意度略低，不满意的人数有所上升，表明对于新社会群体来讲，虽然其对自己的生活较为满意，但是仍然有很多东西尚未达到自身的要求。在城市社会日益繁荣发展的同时，生活压力也随之提高，人们对于物质生活、精神生活的需求也越来越多样化。特别是新社会群体，知识水平高，技术能力强，面对瞬息万变的世界更加敏锐，有紧迫感与危机感。

54.6%的新社会群体被访者认为"我的生活大致符合我的理想"（非常同意占 3.1%，比较同意占 12.2%，同意占 39.3%），有 22.8%的新社会群体表达了不同意意见（很不同意占 2.1%，不太同意占 8.1%，不同意占 12.6%），还有 22.6%的人持中立观点。

50.2%的新社会群体被访者认为"我的生活状况非常圆满"（非常同意占 3.4%，比较同意占 14.0%，同意占 32.8%），有 22.2%的新社会群体被访者表达了不同意见（很不同意占2.2%，不太同意占7.1%，不同意占12.9%），还有27.6%的人持中立观点。

28.3%的新社会群体被访者认为"如果我能重新活过，差不多没有什么东西我想改变"（非常同意占2.3%，比较同意占6.8%，同意占19.2%），有52.5%的新社会群体被访者表达了不同意见（很不同意占10.0%，不太同意占13.1%，不同意占29.4%），还有19.1%的人持中立观点。

（二）社会环境预期概况

社会环境预期指数是人们基于外部环境的感知而建立起的社会信心指数。调查显示，上海市新社会群体的社会环境预期指数的平均值为17.58，最小值为6，最大值为24，标准差为3.53。社会环境预期指数主要集中在15～20分。上海是中国的特大城市之一，城市发展迅速，一直走在国家前列，其新社会群体对社会环境预期指数普遍较高（见图12-3）。

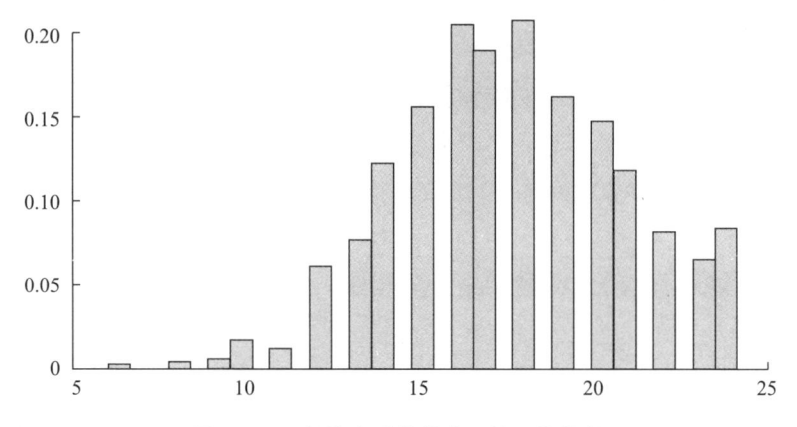

图12-3 新社会群体社会环境预期指数

从对社会"环境污染风险的感知"来看，有52.1%的新社会群体被访者认为问题很严重，有43.6%认为比较严重，认为不太严重和不严重的比例分别为3.7%和0.7%。对于社会环境污染的预期悲观态度的比例远远高于乐观态度，认为很严重的比例要高于认为比较严重的比例。

从对社会"食品安全风险的感知"来看，有53.5%的新社会群体被访者认为问题很严重，39.4%认为比较严重，认为不太严重和不严重的比例分别为7.0%和0.1%。对于社会食品安全的预期悲观态度的比例同样远远高于乐观态度，认为很严重的比例高于认为比较严重的比例。

从对社会"转基因食品风险的感知"来看，有33.2%的新社会群体被访者认为问题很严重，38.6%认为比较严重，认为不太严重和不严重的比例分别为22.8%和5.3%。对于转基因食品安全的预期悲观的人更多一些，认为比较严重的比例高于认为很严重的比例。

从对社会"流行性疾病风险的感知"来看，有22.1%的新社会群体被访者认为问题很严重，有38.7%认为比较严重，认为不太严重和不严重的比例分别为33.2%和6.0%。对于流行性疾病安全的预期认为比较严重的比例和认为不太严重的比例大致相当，但认为很严重的比例仍然高于认为不严重的比例。

从对社会"治安风险的感知"来看，有12.0%的新社会群体被访者认为问题很严重，有24.1%认为比较严重，认为不太严重和不严重的比例分别为50.2%和13.7%。被访者对于社会治安安全的预期普遍充满信心，认为不严重的比例要高于认为很严重的比例。

从对社会"交通出行风险的感知"来看，有10.6%的受访者认为问题很严重，有26.9%认为比较严重，认为不太严重和不严重的比例分别为49.5%和13.0%。受访者对于交通出行安全的预期比较好，认为不严重的比例高于认为很严重的比例。

二 不同新社会群体的社会信心

在此，我们引入了性别、年龄、户籍、教育、工作性质、工作机构性质这六个变量与上海市新社会群体的社会信心指数进行交互，以比较不同群体的社会信心的差异，反映出整体的社会信心状况。

（一）性别差异

数据显示，女性群体的社会信心普遍比男性较高。上海市新社会群体中男性的平均社会信心指数为38.52，女性的平均社会信心指数为40.32，男性不仅在平均水平上的社会信心指数低于女性，而且男性群体内部的分值离散程度略高于女性，最小值低于女性。总体而言，女性整体具有较强的社会信心，并且女性群体内部社会信心指数的集中度较高

(见表12-3)。

表12-3 不同性别新社会群体的社会信心指数

单位：人

性别	数量	均值	最大值	最小值	标准差
男	763	38.52	58	19	6.35
女	610	40.32	58	23	5.89
合计	1373	39.32	58	19	6.21

（二）户籍差异

当地户籍人口的社会信心较高。上海市新社会群体中，拥有上海户籍的新社会群体的社会信心指数为40.27，非上海户籍的社会信心指数为38.73，非上海户籍的新社会群体社会信心指数低于平均值，内部离散程度较高。人们拥有的社会资本会影响其对于外部世界的认知，户籍制度是中国城乡二元体制下的独特产物，可决定是否能在城市享受诸多福利，由此在社会生活中拥有更多的话语权。因此，拥有上海户籍的新社会群体的社会信心指数普遍更高，社会信心较强（见表12-4）。

表12-4 不同户籍新社会群体的社会信心指数

单位：人

上海户籍	数量	均值	最大值	最小值	标准差
是	526	40.27	58	20	5.95
否	847	38.73	58	19	6.30
合计	1373	39.32	58	19	6.21

（三）教育差异

受教育程度与社会信心呈现倒U形的关系。新社会群体的受教育程度分为小学及以下、普通初中、普通高中、大专、本科和研究生（硕士或博士）六种类型。社会信心最强的是小学及以下学历的新社会群体，社会信心指数为41.58，这类人基本是靠自身的专业技术、能力不断打拼，并且得到了较好的回报，社会信心较强。社会信心较弱的是普通初中学历的人，仅为38.81。小学及以下、普通高中以及本科和研究生学历的人社会信心指数高于平均值，普通初中和大专学历的新社会群体社会信心指数低于平均值（见表12-5）。

从趋势来看，从大专开始，新社会群体的社会信心随着学历的提高不断增强，即学历越高，社会信心越强。学历较高的新社会群体能力较强、专业技术性强，其对个人的生活以及社会环境都有较高的预期，风险来临时也能够凭借自身的知识和能力进行抵抗，因此，整体来说，本科和研究生社会信心指数较高。

而小学至普通高中学历的人的社会信心指数则呈现倒U形结构，社会信心先减弱再增强。相较于高学历者而言，低学历者抵御外部世界风险的能力不足，在社会环境发生变化时，容易被淘汰。

表12-5 不同受教育程度新社会群体的社会信心指数

单位：人

学历	数量	均值	最大值	最小值	标准差
小学及以下	24	41.58	58	30	7.20
普通初中	106	38.81	54	22	6.12
普通高中	128	39.87	57	19	7.60
大专	436	39.02	58	20	5.87
本科	546	39.36	56	21	6.20
研究生（硕士或博士）	133	39.64	53	23	5.70
合计	1373	39.32	58	19	6.21

（四）工作性质差异

非体力劳动者比体力劳动者社会信心要强。从数据可知，无酬家庭从业人员的社会信心指数最高，为40.00，其次是雇主，为39.49，从事体力工作的自雇新社会群体社会信心指数最低，为38.73（见表12-6）。从事非体力工作的自雇人员比从事体力工作的自雇人员社会信心要高，雇主比雇员的社会信心要高（见表12-6）。

表 12-6　不同雇佣身份新社会群体的社会信心指数

单位：人

雇佣身份	数量	均值	最大值	最小值	标准差
雇员	929	39.33	58	20	5.98
自雇（体力）	11	38.73	53	26	8.17
自雇（非体力工作）	261	39.17	57	21	6.51
雇主	162	39.49	58	19	7.03
无酬家庭从业人员	2	40.00	44	36	5.66
其他	7	40.43	43	36	2.76
合计	1372	39.32	58	19	6.21

（五）工作机构差异

工作越稳定，社会信心越强。外资企业的新社会群体社会信心指数最高，为39.68；民营企业的新社会群体社会信心指数次之，为39.39；个体工商户的社会信心指数为39.20；个体生意的社会信心指数为38.12；民办企事业单位的社会信心指数为38.02（见表12-7）。外资企业、民营企业明显增强了新社会群体社会信心。

表 12-7　不同工作机构新社会群体的社会信心指数

单位：人

机构性质	数量	均值	最大值	最小值	标准差
民营企业	603	39.39	58	20	6.25
民办企事业单位	57	38.02	56	22	6.18
外资企业	321	39.68	56	23	5.80
个体工商户	261	39.20	56	19	6.13
个体生意	76	38.12	58	21	7.56
其他	55	40.04	51	22	6.33
合计	1373	39.32	58	19	6.21

（六）年龄差异

从年龄上来看，总体上年龄越大社会信心越强，尤其是50岁以上的人，社会信心指数在稳步提升，60岁左右达到社会信心指数的最大值，但波动幅度较大，这表明退出工作阶段新社会群体在对社会抱有高预期的同时内心也存在着某种焦虑和不安。25~45岁新社会群体社会信心保持一个平稳水平，基本符合壮年时期人们对于社会发展形成的稳定预期。20岁左右的新社会群体社会信心也存在着一定的波动，可能是因为刚刚从青少年步入社会，面对社会中的挑战与机遇心存一种不确定性。

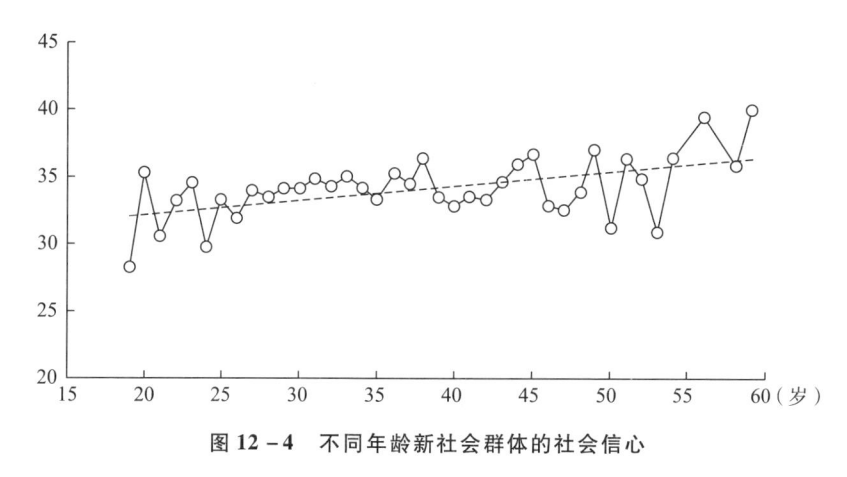

图12-4 不同年龄新社会群体的社会信心

三 社会信心的影响因素

在当前中国，既有的研究表明，住房和工作等基本的生存需求是移民群体压力的重要来源，这也引发新社会群体大量的心理问题。本研究通过对新社会群体的社会信心进行研究，从新社会群体的主观视角去了解其对所处社会环境的认知，以获取新社会群体对未来发展的预期的信息，从他者的话语身份转换为主体研究，更加客观公正地呈现他们的真实生活。

（一）社会保障

社会保障增强了新社会群体的社会信心。有社会基本医疗保险的新社会群体的社会信心指数（33.8）高于没有社会基本医疗保险的新社会群体（32.6）；有社会基本养老保险的新社会群体的社会信心指数（33.9）高于没有社会基本养老保险的新社会群体（32.4）；有失业保险的新社会群体的社会信心指数（33.8）高于没有失业保险的新社会群体（33.2）；有住房公积金的新社会群体的社会信心指数（33.9）高于没有住房公积金的新社会群体（33.0）。社会保障为新社会群体的生活加上了一份保险，能够帮助其在遭遇突发状况时抵御风险，增加其在社会生活中的安全感。

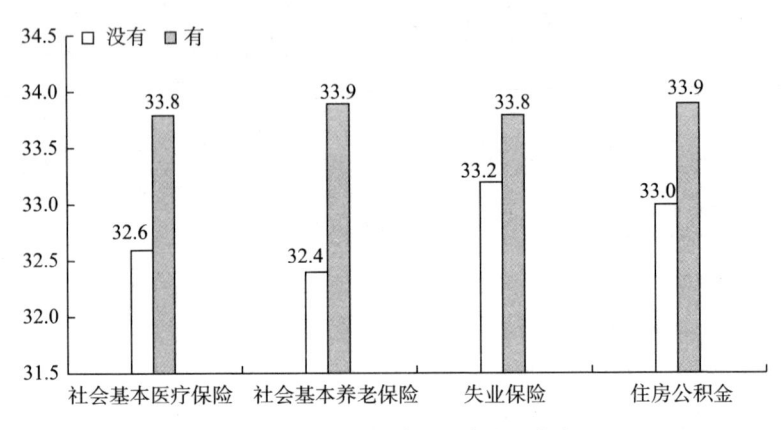

图 12-5　社会保障与社会信心指数

（二）社会交往

在新社会群体的交往群体中上海当地朋友越多，则其社会信心越强。当地朋友多的新社会群体的社会信心指数为 34.7，高于交往群体中外地朋友多的新社会群体（33.2）。社会网络中当地朋友和外地朋友差不多的新社会群体的社会信心指数为 33.8。也就是说，在新社会群体的交往群体中，当地朋友越多，社会信心越强。当地朋友的数量是新社会群体融入当地社会的一个重要指标，特别是对于外来的新社会群体来讲，当地朋友多，表明其在上海市与朋友相处融洽，对上海市环境适应得较好，融入新环境较佳，因此社会信心随之增强。

（三）社会网络

地缘的社会支持越强，新社会群体的社会信心越强。在新社会群体的外地朋友中，老乡朋友多的新社会群体的社会信心指数为 33.9，高于老乡朋友少的新社会群体。朋友圈中老乡与非老乡比例差不多的新社会群体的社会信心指数为 33.6。

（四）社区因素

新社会群体的社会信心随着对社区满意度的提高而提高。对社区非常满意的新社会群体的社会信心指数为36.6，对社区满意的新社会群体的社会信心指数为34.9，对社区满意度一般的新社会群体的社会信心指数为33.1，对社区不满意的新社会群体的社会信心指数为31.1，对社区非常不满意的新社会群体的社会信心指数为30.4。

（五）邻里互动

社区邻里互动影响社会信心的形成。新社会群体如果和邻里经常互动的话，其社会信心指数为34.4，而没有同邻里有过互动关系的新社会群体的社会信心指数为32.6。有邻里互动的新社会群体的社会信心指数比没有同邻里互动的要高1.8，可见邻里互动对社会信心的影响较大。邻里互动能够增强新社会群体相互之间的认知，促进其参与社区活动，进而融入社会，形成较强的社会信心。

四　小结

社会信心是观察和研究一个社会发展的重要角度，其折射出来的是人们对未来社会发展的期待和希望。在一定程度上，人们对于自身、家庭、社区以及政府、社会的主观满意度能够直接或间接地反映国家的发展水平以及社会的稳定程度。新社会群体作为社会发展过程中新出现的中坚力量，知识水平高，技术能力强，认知水平也高，对社会和国家的变化更加敏锐，因此新社会群体的社会信心状况更能反映和代表人们对于社会发展的预期。基于上海市新社会群体的社会信心状况的分析，本研究可以得出如下结论。

总体来看，新社会群体的社会信心指数较高，主要集中在33～43，社会信心指数极高者或极低者都属于少数。从现实情况来看，青年人是新社会群体中占据绝对比例的人群，青年人有活力有朝气，而且上海市作为中国的特大城市之一，发展迅速，平台广阔，青年人可以在此充分发挥主观能动性。新社会群体在技术、知识、能力等方面具有一定的优势，对未来更有信心。但由于城市发展迅速，住房、交通等成本不断提高，有一部分新社会群体社会信心不足，社会信心指数较低。

对于不同性别的新社会群体来讲，其社会信心状况不同。女性群体的社会信心比男性要强，由于社会分工的要求，"男主外，女主内"的家庭分工模式较为常见，在此种模式下，男性需要担负起养家糊口的重任，外部世界瞬息万变，男性群体时刻面临着不同的考验，承受的压力较大，因此，整体来看，女性新社会群体的社会信心比男性更强。

拥有上海户籍有助于提高新社会群体的社会信心，上海市新社会群体中，拥有上海户籍的新社会群体的社会信心指数高于没有上海户籍的新社会群体的社会信心指数。户籍是城市隐形的准入机制，获得当地户籍可以享受当地诸多社会福利，生活更加便捷。上海市新社会群体中，没有上海户籍的新社会群体超过60%，也就是说多数新社会群体是外来移民，外来移民的社会信心显然低于当地市民。外来移民在住房、工作等方面面临着更大的压力，生活问题层出不穷。因此，加强对外来新社会群体的管理与疏导，激发其生活积极性，促进城市发展是当今城市治理的重要议题。

雇主的社会信心比雇员的社会信心要强，从事非体力劳动者比从事体力劳动者的社会信心要强，掌握资源、技术或拥有更高学历的新社会群体有着更高的社会期待与希望。同时，雇主和非体力劳动者因为拥有资金、技术、能力等软实力，在外部环境发生变化的时候，抵御风险的能力更强，生活更具有稳定性，因此，其社会信心更强。

社会保障能够增强新社会群体的社会信心。社会保障更像是一份人生的社会保险，对于新社会群体来说，随着城市的不断发展，机遇不断增加，但随之而来的是更多的挑战，社会保障能够减少其后顾之忧，为突如其来的意外提供一份保障，增强其抵御风险的能力。

社会交往的增多能够提高新社会群体的社会信心。人是社会性的动物，任何人都不可能脱离社会独立存在。从数据中我们发现，社会交往的增多，能够促进新社会群体与他人的互动，无论是自身生活的圈子，抑或是社区内部的邻里互动，社会网络的扩展与社会交往的增加都能够提高新社会群体的社会信心，使其对社会的认知更加深刻与清晰。

总体来看，户籍、工作、社会交往等对新社会群体的社会信心影响很大，基本的生存性压力依旧是新社会群体必须要面对的现实问题。从内在动力来说，新社会群体注重对生活品质的追求，对自己有更严格的自律要求，强健的体魄和良好的健康习惯有利于其社会信心的提升。而从外在保障来说，提高全社会的社会保障水平也会积极促进人们社会信心的增强。新社会群体非正式网络关系也与社会信心有着密切的联系，社会融入和社会支持程度越高，社会信心也越高。

第13章 婚姻

改革开放以来，随着城市化和人口流动的迅速发展，不同地区之间的经济互动日渐频繁，不同地区居民之间的通婚现象也日益增多。地理通婚圈、阶层通婚圈、文化通婚圈也在不同程度上出现了扩展。婚姻是构成家庭的前提条件。婚姻观的变迁在一定程度上可以预示中国社会婚姻家庭的未来发展趋势，会影响未来社会的整体发展。进入21世纪之后，全球化进程加快，中西方各方面交流更加深入，传统的"门当户对""男大当婚，女大当嫁""男主外，女主内"等婚恋观悄然发生着变化。在市场经济发展迅速、社会生活持续变革的现代社会，传统意义上的恋爱、结婚、家庭的婚恋方式正在发生急剧变化。

随着中国现代化进程的加快推进，中国在社会经济取得巨大进步的同时，社会分化不断加剧，利益主体多元化趋势明显，人们的异质性开始逐渐增强，这导致文化多元并存和价值观冲突彰显。城市中的新社会群体，是社会发展的重要力量，是现代都市社会生活的重要组成部分。新社会群体是社会转型时期的特殊群体，他们在受到改革开放浪潮和中西方文化交融影响的同时，还会受到中国传统文化的影响，这些都强烈冲击着新社会群体，使他们在婚恋观上更多地表现出传统与现代并存的多元色彩。因此，研究他们的婚姻状况和婚恋观具有重要意义。

本章对新社会群体的婚姻匹配、婚姻观以及婚姻观的影响因素进行了详细的描述和考察。

一 婚姻匹配

在此次调查中，我们将婚姻状况划分为：从未结婚、同居（从未结婚）、已婚、离婚和丧偶。在本次调查的1400多名上海市新社会群体中，未婚者占总数的24.56%，已婚者占总数的70.09%，另有同居（从未结婚）者占比为1.99%，离婚、丧偶等情况占比为3.36%。由此可见，已婚和未婚是新社会群体的两大主要婚姻状态，而离婚、丧偶和同居的比例都是比较低的，当然这种婚姻结构与新社会群体的年龄结构密不可分。

（一）婚姻的户籍匹配

在中国的传统婚姻中，一直注重门当户对和郎才女貌，强调夫妻双方客观条件的相对匹配。我们将本次调查中的缺失值剔除，共搜集到985位夫妻结婚时的户籍状况并进行了初步分析。我们将上海非农业户籍者和上海农业户籍者统称为上海本地人，外地非农业户籍者和外地农业户籍者统称为外地人，这样户籍主要区分为本地和外地两大类。

表 13 – 1　不同户籍的婚姻匹配

单位：人

本人户籍	配偶户籍		合计
	本地人	外地人	
本地人	406	82	488
外地人	68	429	497
合计	474	511	985

在新社会群体中夫妻双方户籍匹配方面，同类户籍匹配仍然是婚姻匹配中的主流模式。通过对婚姻状况为结婚的受访者夫妻双方户籍进行列联发现，结婚时夫妻户籍状况相同的家庭共有835个，占全部新社会群体已婚家庭的84.77%。其中，夫妻双方均为上海本地人的家庭有406个，占全部已婚家庭的41.22%；夫妻双方均为外地人的家庭有429个，占全部已婚家庭的43.55%。本地人和外地人的婚姻组合模式比例并不高，仅占总体的约15.00%。可见在现代社会中，户籍制度仍然是影响我国社会比较显著的因子。因此，我们认为户籍对婚姻有着非常明显的影响，户籍同类婚是婚姻匹配的主要配对模式。

具体来看，在婚姻的户籍匹配中存在性别差异，但是传统意义上以户籍为主导的婚姻匹配模式在上海新社会群体中仍是主流。本地男－本地女和外地男－外地女的通婚模式分别占41.22%、43.55%，占全部已婚家庭的 84.77%。上海本地男娶了外地女的家庭占全部已婚家庭的 10.96%，而外地男娶本地女的比例更低，仅占全部已婚家庭的 4.27%。可见，在上海这样的都市社会，来自外地的"凤凰男"和上海的"孔雀女"所组建的婚姻家庭并不普遍，外地女性通过婚姻实现跨省流动的比重要高于外地男性，特别是当前社会所关注的上海女婿比例并不高。

表 13-2　不同户籍的通婚模式

单位：人

	本地女	外地女	合计
本地男	406	108	514
外地男	42	429	471
合计	448	537	985

（二）婚姻的教育匹配

传统社会和传统婚姻都强调夫妻双方在先赋性因素（如户籍、家庭背景等）上的匹配，即所谓的门当户对。但是，随着社会的发展，先赋性地位在不断减弱，自致性地位在不断加强。因此，现代婚姻更加强调夫妻双方自致性因素（如教育、职业、收入等）之间的相互匹配。在 996 位新社会已婚群体中，除了户籍匹配以外，我们同时考察夫妻在结婚时的教育匹配状况，之所以要关注结婚时夫妻双方的受教育信息，是因为户籍匹配更多的是反映夫妻双方的先赋性因素，教育匹配更加凸显夫妻双方的自致性因素。

表 13-3　不同受教育程度的婚姻匹配

单位：人

本人	配偶				合计
	大专以下	大专	本科	研究生	
大专以下	219	22	6	0	247
大专	132	122	55	2	311
本科	50	70	196	28	344
研究生	5	12	37	40	94
合计	406	226	294	70	996

表13-3给出了已婚新社会群体结婚时的教育匹配状况,教育同类婚是已婚新社会群体的主要教育匹配模式。不难看出,夫妻双方的教育匹配仍以夫妻受教育程度相当的同类婚为主。和户籍匹配情况一样,在996个已婚群体的被访者中,夫妻双方受教育程度相同的家庭占全部家庭样本的57.99%,即在所有受访者中,约有6成的人属于教育同类婚家庭。

二 婚姻观

为了更好地了解上海新社会群体的婚姻观,"上海都市社区调查"(SUNS)询问了以下三个有关婚姻恋爱观念的问题,即新社会群体对"男主外,女主内""男大当婚,女大当嫁"以及"门当户对是幸福婚姻的必要前提"的看法。答案选项分为完全不同意、比较不同意、无所谓同意不同意、比较同意和完全同意。剔除拒答、不知道和缺失值后,我们每个问题分别得到1388、1387、1386个有效样本。我们将完全不同意和比较不同意合并为不同意,比较同意和完全同意合并为同意。

(一) 男主外,女主内

传统的性别观念是"男主外,女主内",认为女性主要应该负责家庭,男性应该外出工作为家庭提供经济收入。在这一观念下,一方面形成了在社会领域女性普遍处于弱势的局面;另一方面,社会文化机制又将"男主外,女主内"的传统性别角色规范内化为社会性别角色意识。

在"上海都市社区调查"(SUNS)中,我们发现新社会群体的社会性别角色意识已经不同于传统意义上的认知。在接受调查的1388个有效样本中,有575名新社会群体对于"男主外,女主内"的传统社会性别角色意识持无所谓态度,占总体的41.43%。此外,同意"男主外,女主内"说法的比例为35.16%,不同意的比例为23.41%。也就是说,生活在上海的新社会群体当中,反对传统性别角色分工和保持中立态度的是大多数,占总人口的3/5左右。可见,随着社会的不断发展进步,伴随家庭经济实力的增强,女性在经济上已经可以独立或相对独立,男女分工不再分明,两者之间正趋于平等和互助。"男主外，女主内"的传统性别角色观念正在慢慢地被打破。当然，男性和女性拥有不同的性别特征，拥有各自的性别优势和劣势，但是不能单纯地依此将其定位，女性和男性应当拥有同等的权利。

图 13-1 和图 13-2 分别展示了上海新社会群体关于"男主外，女主内"这种社会性别角色分工认知的性别、户籍、学历和婚姻状态差异。总体来说，性别和婚姻状态的认知差异较为明显。从图 13-1 可以看出，持无所谓态度的男女比例相当，性别差异更多地体现在同意和不同意上，女性不同意的比例（30.73%）远远高于男性（17.59%），相反，男性同意的比例高于女性。在户籍方面，当地人和外地人的态度基本上没有太大差异，外地人同意这种传统性别角色分工的比上海当地人多 3.56 个百分点，也就是说在新社会群体中，上海当地人对于这种性别分工模式的反感度不比其他人群高。就受教育程度而言，随着受教育程度的提高，人们对于该说法的赞同度也在逐步降低，可见，教育可以影响人们对传统观念的认知。除此之外，未婚群体相对比较反感传统的性别角色分工，而已婚人士对此则显得更为包容，他们同意的比例也比未婚人士高出 15.13 个百分点。这也和很多研究发现一致，即已婚者往往比未婚者更为保守，年龄、出生年代因素以及对现实的妥协等可能都是其背后的影响因素。

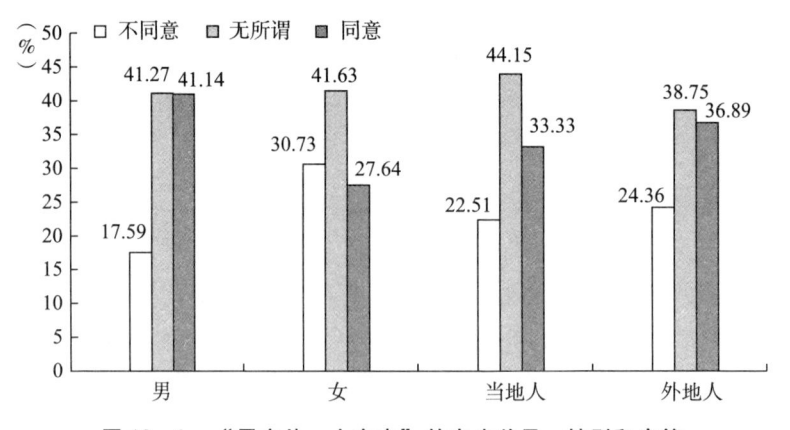

图 13-1 "男主外，女主内"的态度差异：性别和户籍

（二）男大当婚，女大当嫁

"男大当婚，女大当嫁"，不仅仅是长辈对晚辈的期望，更是中国社会

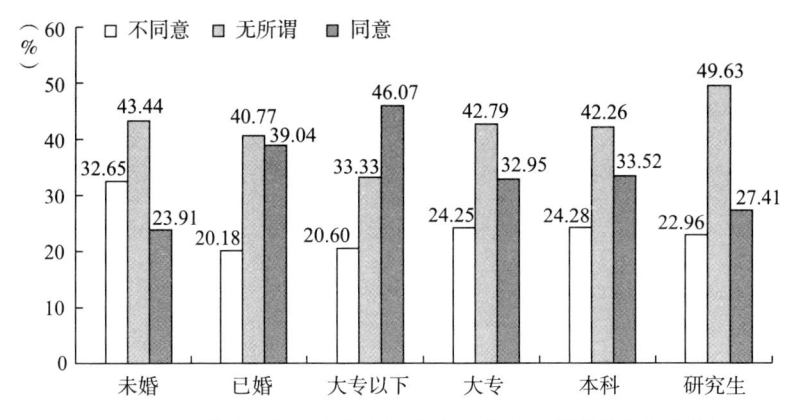

图 13-2 "男主外，女主内"的态度差异：婚姻状态和学历

主流的婚恋价值观。婚姻作为家庭的形成途径之一，是成年男女双方按照习俗和法律规定结为夫妻，组建家庭的一种制度。婚姻作为一种社会制度，有传统价值和社会习俗作为支撑。面对迅速变迁的当今中国社会，很多传统的东西正处在一个重新被建构的过程中。同时，在全球化的大背景下，西方的很多价值观包括婚恋观对中国当代的人们产生了不可忽视的影响。

总体而言，多数人赞同"男大当婚，女大当嫁"，比重为 48.95%；而不同意这一说法的人只有 19.68%，这也与我国目前仍然相对普婚和早婚的社会现实是一致的。但是，有 31.36% 的新社会群体认为无所谓，这说明，当代人们的主流婚恋价值观也在慢慢突破传统观念，变得多元。

由图 13-3、图 13-4 可知，在"男大当婚，女大当嫁"这种婚恋观的性别差异比较中，男性同意的比例（55.57%）明显高于女性同意的比例（40.65%）。我们在户籍差异比较中发现，有 50.78% 的外地人赞成此婚恋观，高于同意此说法的上海当地人（47.08%）。由此我们可以做出一定的推测，即上海当地人的婚嫁观念比外地人更为包容或者更为开放。同样，和上面男女的性别角色分工认知一样，学历高的人群比较不赞同这种传统观念。在婚姻状态方面，未婚人群（34.11%）对该观念的同意度远低于已婚人群（54.39%）。这在一定程度上表明了新社会群体是一个差异性很大的多元化的群体，特别是一些未婚人群，受教育程度相对较高，思想相对更具现代性和包容性，他们可能会更偏向于选择在上海这样的国际性大都市来寻求自己的个人发展机会和理想的生活方式。

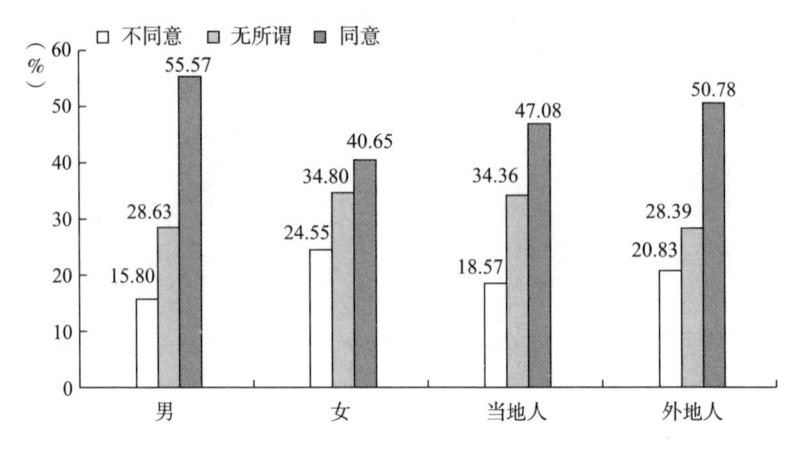

图 13-3　"男大当婚，女大当嫁"的态度差异：性别和户籍

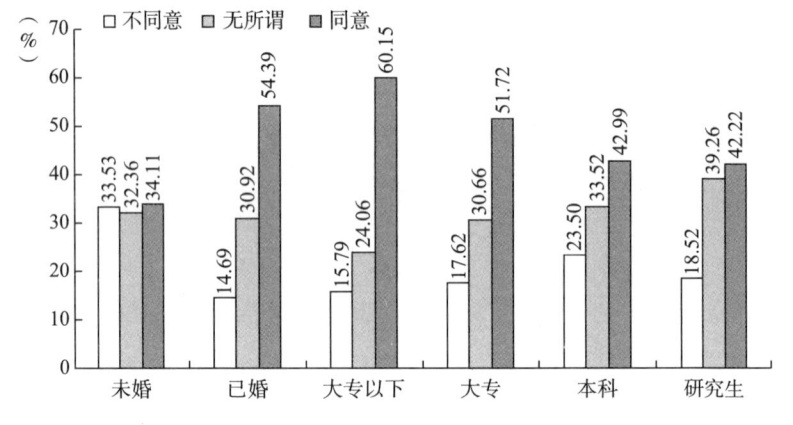

图 13-4　"男大当婚，女大当嫁"的态度差异：婚姻状态和学历

（三）门当户对

"门当户对"的实质是一种阶层内婚姻，体现的是阶层间的封闭性特征。目前中国处于传统社会向现代社会转型的快速推进期，门当户对的内容发生了很大的改变。但是不管门当户对的内容怎么更新变化，人们对该观点还是持有较高的认可度。有超过一半以上的新社会群体表示同意门当户对的择偶观。在1386个有效样本中，有53.46%的人同意这一说法，无所谓的比例（23.16%）和不同意的比例（23.38%）相当。由此可见，即使是上海的新社会群体，也比较赞同门当户对是婚姻幸福的必要前提。

如图13-5所示，在对门当户对态度认同差异的比较中，女性对门当户对的认可度高于男性，超过一半的女性同意门当户对是婚姻幸福的必要前提的说法。不同于前面关于"男主外，女主内"男女性别角色分工和"男大当婚，女大当嫁"的婚恋观的户籍差异，有超过一半（60.47%）的上海当地人比较认同门当户对，明显高于外地人赞同的比例（46.65%），而外地人相对而言则比较反对这一说法。可以看出，在上海这样的大城市，上海当地人更加注重夫妻双方的阶层匹配，比较而言其更加理性现实。

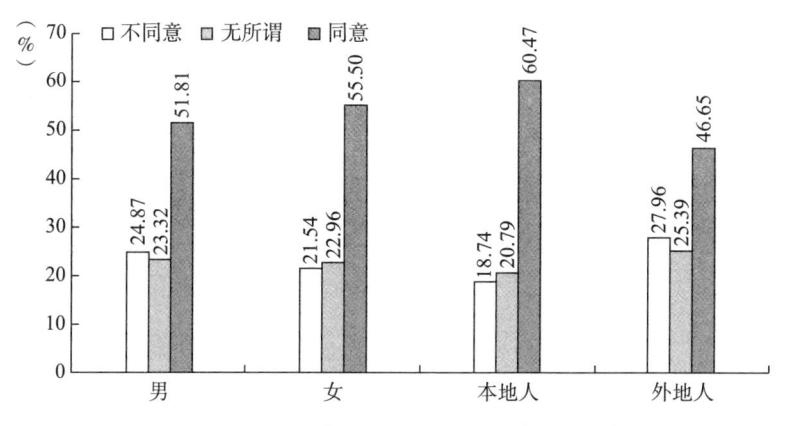

图 13-5 "门当户对"的态度差异：性别和户籍

我们也发现，学历高的人相对更为认同门当户对的婚姻。有62.84%的本科人群以及61.94%的研究生人群更加赞成门当户对，而大专以下的人群中仅有略高于35%的人对此表示同意。这一方面反映了我国经济发展和快速城市化过程中的阶层固化现象，中产阶层希望维护自己的社会经济地位，而低收入群体则希望冲破束缚，通过婚姻实现社会流动。另一方面也反映了年轻人对早期家庭成长环境、"三观"是否相同等生活方式和个人价值观念方面的重视。学历高的人不仅注重客观物质方面的匹配，也在意精神层面的匹配，具体包括家庭条件、个人学历、收入、职业、兴趣爱好等各方面的匹配，他们在寻找另一半的时候更不愿意将就。并且，学历越高意味着自身各方面的资源越好，个人的独立性比较强，所以在没有遇到心仪或满意的结婚对象时不会"妥协"。另外一种可能性是，受教育程度高的人不一定是思想观念变革和现代化的引领者，由于他们拥有更多的文化资本，既包括传统的，也包括现代的，他们可能是保守观念和传统思想的拥护者。当然，和低受教育程度群体相比，他们在传统和现代之间有更大的选择权、自由度和空间。

就婚姻状态而言，无论是未婚还是已婚人群，都比较赞同门当户对的择偶观。但是未婚的人对门当户对的认同度要比已婚者低7.05个百分点。总的来说，已婚者作为婚姻的过来人，在择偶观方面比未婚者表现出更多的传统性和封闭性。

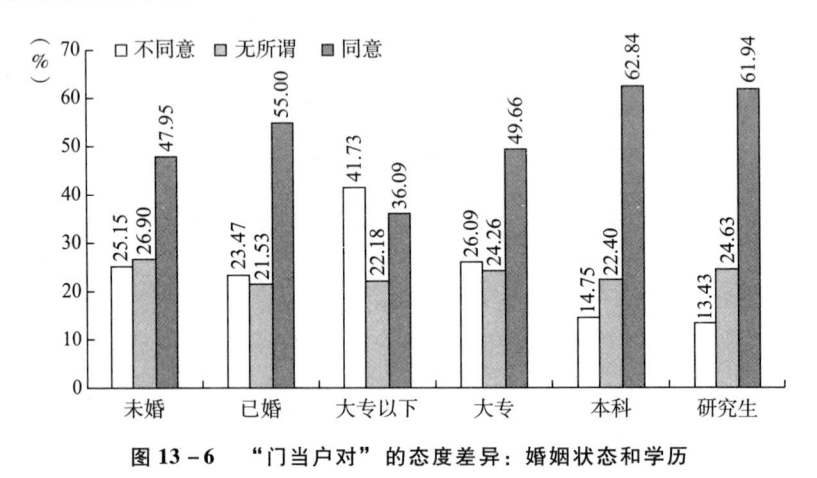

图13-6 "门当户对"的态度差异：婚姻状态和学历

三 小结

本章通过对新社会群体的婚姻匹配和婚姻观两个方面进行描述和分析，可以得出以下几个结论。

在新社会群体户籍和教育的婚姻匹配上，同质婚的比例仍然很高。一方面，跨户籍婚姻人数所占比例不高，本地男-本地女和外地男-外地女通婚模式仍然是主流通婚模式，同一受教育程度的人更容易通婚；另一方面，青年群体的婚姻匹配模式呈现多样化的发展趋势。中国城市化以及高校的扩招使得很多县城和农村人口通过教育和就业实现了向大城市的流动，新移民占城市总人口的比重逐渐增多，其中大多数城市新移民是来自县城和农村地区的青年才俊，高等教育使他们改变了自己的户籍身份，有机会和当地人组建家庭（吴晓刚，2007）。

上海新社会群体的婚姻恋爱观念呈现比较复杂的情况。对于"男主外，女主内""男大当婚，女大当嫁"以及"门当户对是婚姻幸福的必要前提"的看法，上海市新社会群体的回答，既表现出很大的包容性和现代性，也具有比较明显的传统性。

第14章 家庭观

家庭是个体社会化的第一个场所，家庭生活是社会个体由生物人逐渐转为社会人的过程，也是社会个体逐渐习得和内化社会规范和文化的过程。尽管在现代社会中，家庭的社会化功能在逐渐弱化，但是作为社会人口生产和再生产的基本单位，其基础性功能是没有变的（郑杭生，2003）。

家庭作为婚姻关系的基础，不仅是夫妻双方两个个体的事情，也是两个家庭和两种文化的结合。夫妻双方作为不同的主体，在生活中的行为展示了其私人与公众文化的协调过程，而这一切都是基于他们各自不同的生命历程。随着中国城市化进程的加快推进，越来越多的人口涌入城市，随着社会流动，当代中国城市中的家庭通婚模式呈现多地域通婚的趋势，省际通婚圈扩大趋势比较明显（周皓、李丁，2009）。相比较而言，跨地域的婚姻容易造成家庭矛盾和社会问题，因为不同的成长背景决定了双方生活方式和人生观念的差异。这种跨地域婚姻潜在的差异性，具体包括文化背景、认知态度和家庭观念等。

在新时代背景下，深入了解和剖析当代城市家庭的家庭生活和家庭观念，对于我们了解一个社会群体的整体状况有着极为深远的影响，尤其是了解新社会群体的家庭结构和家庭生活，更是具有重要意义。在这个背景下，上海市的新社会群体，他们的家庭观是怎样的？他们如何看待家庭中的家务劳动分工、家庭决策权分配、家庭生育意愿以及家庭满意度如何？

在"上海都市社区调查"（SUNS）中，我们在问卷中设计了与家庭生活有关的一组问题，以了解和测量上海新社会群体的家庭生活状况和家庭观念，主要包括以下几个方面：家务劳动时间分配、家庭决策权、生育意愿、家庭生活满意度等。

一　家务劳动时间分配

在我们的问卷中，关于家务劳动时间分配询问了受访者周一至周五（以下统称工作日）和周末平均每天花在家务劳动上的时间（分钟）。总体来看，新社会群体在工作日的平均家务劳动时间是53.65分钟，周末的平均家务劳动时间是89.31分钟。

从婚姻状况来看，已婚群体的家务劳动时间，无论是在工作日还是周末都明显高于未婚群体，并且高于新社会群体的整体平均水平。具体来看，已婚群体在工作日平均每天花在家务劳动上的时间为60.50分钟，约为一个小时，而未婚群体在工作日平均每天花在家务劳动上的时间明显较少，约为半小时。再看新社会已婚群体和未婚群体在周末家务劳动时间上的比较，已婚群体要做将近一个半小时的家务，而未婚群体差不多只做将近一个小时的家务。由此可以看出，家务劳动时间呈现明显的婚姻状态差异，即已婚群体家务劳动时间明显多于未婚群体，无疑这与已婚群体和未婚群体的生活状况相符合，并且工作日家务劳动时间明显短于周末（见图14-1）。

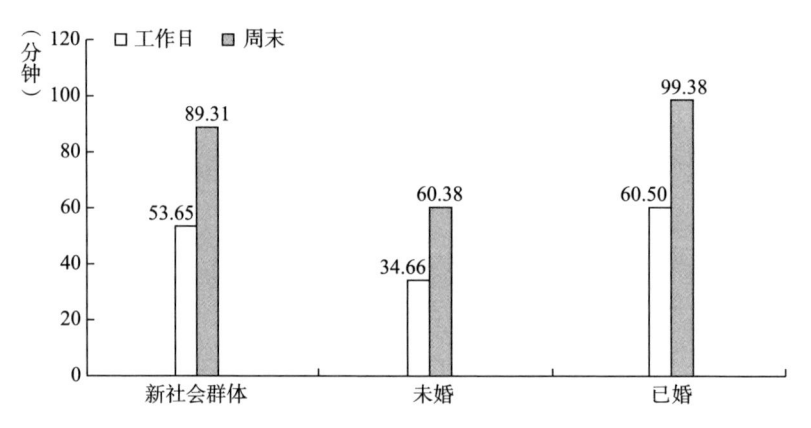

图14-1　新社会群体家务劳动时间差异

（一）家务劳动时间

1. 工作日家务劳动时间对比

整体来看，无论是哪种通婚模式，女性的平均家务劳动时间明显多于男性。在不同的通婚模式下，本地男和外地男的平均家务劳动时间是不同

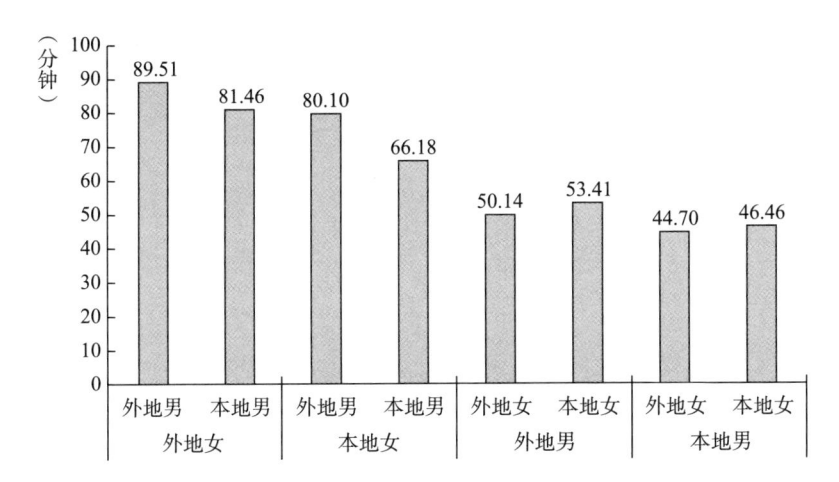

图 14-2　不同通婚模式下工作日家务劳动时间差异

的。总体而言，外地男的平均家务劳动时间多于本地男，在本地男-本地女（46.46 分钟）和本地男-外地女（44.70 分钟）不同的通婚模式下，本地男的家务劳动时间没有太大差别；同样，外地男-本地女（53.41 分钟）和外地男-外地女（50.14 分钟）的通婚模式中，外地男的家务劳动时间也差不多。但是值得一提的是，配偶是本地女的本地男和外地男的，相比较于配偶是外地女的，他们的平均家务劳动时间较多（见图 14-2）。

具体来看，在性别方面，女性家务劳动时间明显多于男性。这一点比较符合我们日常认知，但是，本地男家务劳动时间略微少于外地男，无论在何种通婚模式中亦是如此。值得注意的是，在外地男-本地女通婚模式中，外地男家务劳动时间最长，多于其他三种通婚模式；另外，本地男-外地女通婚模式中，本地男家务劳动时间最短，少于其他三种通婚模式。在不同通婚模式中，一方面外地女家务劳动时间明显多于本地女，尤其是在外地女-外地男通婚模式中，外地女家务劳动时间最长，多于其他三种通婚模式；另一方面，本地女-本地男通婚模式中，本地女家务劳动时间最短，少于其他三类通婚模式，但是在本地女-外地男通婚模式中，本地女的家务劳动时间明显多于本地女-本地男通婚模式（即我们通常所说的上海女婿家庭）中的本地女的家务劳动时间，这可能是由于在工作日上海女婿家庭中的上海女婿忙于工作，在家时间少，而本地女在家时间相对较长。

在不同通婚模式方面，本地男-本地女通婚模式是所有通婚模式中家务劳动时间最短的通婚模式。外地男-外地女是所有通婚模式中家务劳动时间最长的通婚模式,这可能是由于外地家庭来到上海需要适应当地的生活方式,家务劳动时间长于本地男-本地女通婚模式,也可能是由于本地男-本地女家庭雇用家政服务人员的比例较高,也可能是由于本地男-本地女家庭中双方父母均在上海,对其家庭照顾相对较多。并且,本地男-外地女家务劳动时间略短于本地女-外地男,这在一定程度上表明跨户籍婚姻模式家庭之间在家务劳动时间方面差异不大,当然新社会群体总体而言受教育程度高,在跨户籍婚姻模式中,夫妻双方受教育程度较高,均为城市上班族,在家时间较为固定且相似,因而其差异较小。

2. 周末家务劳动时间对比

上海作为全国的大城市,由于其存在大量白领上班族,因而其规律性强,节奏性明显,这一点在新社会群体家务劳动时间方面亦是如此,因而周末和工作日新社会群体在家务劳动时间方面表现出显著差异。这种差异主要表现在性别和通婚模式两个层面。

整体而言,与工作日相比,新社会群体在周末的家务劳动时间明显多于工作日。无论是本地男、外地男还是本地女、外地女,四类人群在周末的平均家务劳动时间都明显多于工作日。这表明新社会群体在周末投入家务劳动的时间相对于工作日更长。

在性别层面,与工作日相比,男女之间在周末家务劳动时间的差异明显减小。这表明男性在周末会投入更多时间在家务劳动上,帮助家庭成员减轻家务劳动负担。本地男家务劳动时间明显少于外地男,特别是在本地女-外地男婚姻模式中外地男(上海女婿)家务劳动时间明显多于本地男,这种差异在周末和工作日中都非常显著。这在一定程度上表明,本地女-外地男家庭中,男女参与家务劳动的时间差异较小,并且也在一定程度上表明,本地女-外地男婚姻模式中男女家务劳动分工相较于其他通婚模式家庭更加均衡。毕竟,新社会群体受教育程度较高,特别是外地男来到上海之后与本地女通婚,文化资源和社会地位上的不对等,必然导致家庭中男女家务劳动分配更均衡。如果将家务劳动看作衡量家庭地位的指标之一,则我们可以得出这样的结论:新社会群体本地女-外地男婚姻模式中,男女家庭地位更加平等。外地女和本地女两者在家务劳动时间方面总体差异不大,具体而言,本地女家务劳动时间略短。值得注意的是,在本地女-外地男的通婚模式中,当地女家务劳动时间明显多于其他通婚模式。

在通婚模式层面，本地女－本地男通婚模式下本地男的周末家务劳动时间略多于外地男－外地女模式下的外地男。相较于工作日，这两种通婚模式在周末家务劳动时间差异更小，表明在新社会群体中，这两类通婚模式在家务劳动时间上差异较小。并且，通过图14－3，我们可以发现，在本地男－外地女和外地男－本地女这两种通婚模式中，两者在家务劳动时间方面存在明显差异，其中外地男－本地女通婚模式家庭家务劳动时间明显多于本地男－外地女通婚家庭，但是在工作日，这两种通婚模式家庭在家务劳动时间方面差异并不明显。

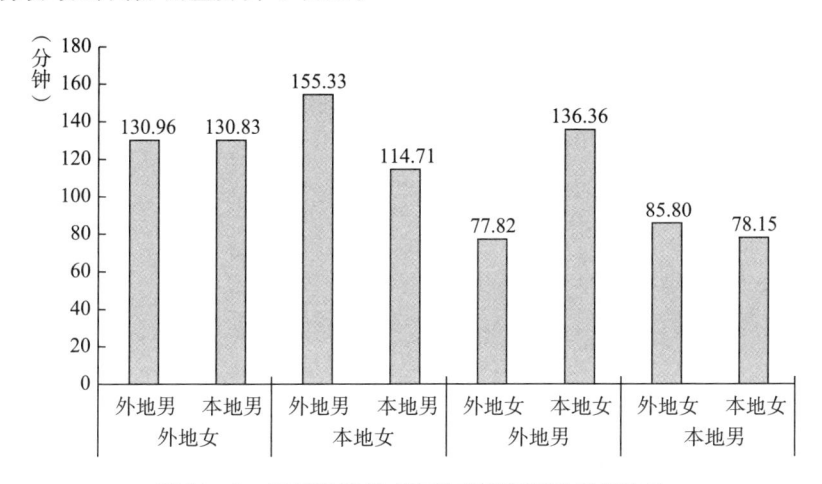

图14－3 不同通婚模式下周末家务劳动时间差异

通过比较在不同婚姻状态和不同通婚模式下，家务劳动时间在工作日和周末的差异，我们发现，在新社会群体中，未婚群体家务劳动时间明显短于已婚群体家务劳动时间，女性家务劳动时间明显多于男性，特别是在工作日，这种差异更为明显，而在周末这种差异相对较小。在周末，新社会群体家务劳动时间明显多于工作日，这种差异在已婚群体和未婚群体、不同通婚模式群体中都非常明显，这主要是由于新社会群体多以上班族为主，在周末有更多时间可以投入家务劳动中。总体而言，对家务劳动时间的分析，是建立在与配偶家务劳动的比较之上的。社会的发展使家庭内部的劳动时间分配形成了两种情况，男性的家务劳动时间在有限的范围之内实现了增长，而女性的家务劳动时间虽然有所减少，却依然比男性长。在很大程度上，家务劳动的分配体现了夫妻双方的互动方式和特点，而这也在一定程度上源于夫妇两人的文化差异。

（二）家务劳动类型

由前文可知，新社会群体在家务劳动方面投入时间较多，并且性别、工作日和周末之间家务劳动时间差异明显。在我们的调查问卷中，关于家务劳动类型询问了受访者按时间多少顺序最主要的前三位家务劳动是什么，主要了解受访者的家务劳动结构。新社会群体中家务劳动类型居于前三位的是清洁整理、做饭和买菜，而照料老人、照顾小孩和居家日常维修等不是主要的家务劳动类型。从新社会群体中已婚者家务劳动时间分配结构中可以发现，已婚群体在子女照顾等方面投入时间较少，从侧面可以反映出已婚新社会群体一方面与父母分居，另一方面小孩拥有率较低或者父母可以帮助其照顾小孩（见图 14-4）。

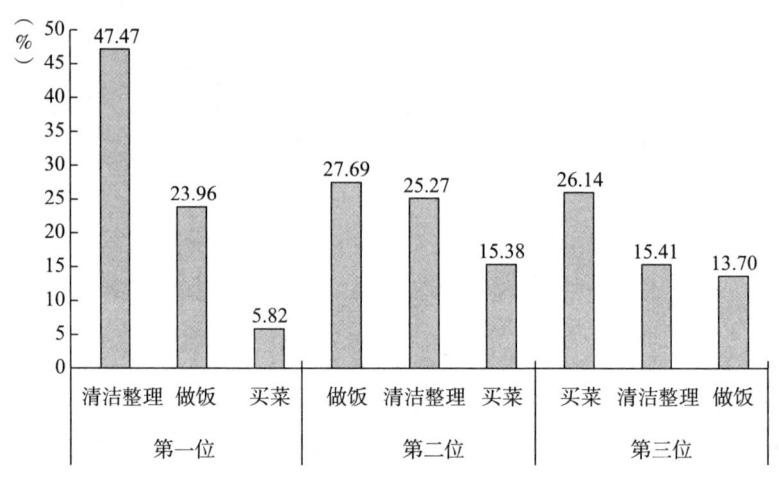

图 14-4　新社会群体的主要家务劳动类型

二　家庭决策权

传统中国社会中，家庭结构多为组合大家庭，代际跨度大，家庭权力大多在长辈手中。但是随着社会发展，核心家庭数量不断增加，家庭关系中父辈与子辈关系不再是家庭关系的核心，夫妻关系逐渐成为家庭关系的核心，与之相伴随而来的是家庭夫妻之间的决策权成为学界关注的议题。因此，"上海都市社区调查"（SUNS）对家庭决策模式进行了测量，主要是对被访者根据自己家庭情况，在日常消费（N = 978）、买房买车（N = 985）、财务投资（N = 978）、子女教育（N = 972）、供养父母（N = 977）这五类家庭事务中谁拥有决策权进行访问。关于这些问题的答案为：绝大部分丈夫决定、绝大部分妻子决定和绝大部分共同决定（以下统称为丈夫决定、妻子决定和共同决定）。

如图 14-5 所示，新社会群体在具体家庭事务决策权上存在性别差异。在日常消费和子女教育两项家庭事务中，妻子决定的比例明显高于丈夫，而在买房买车、财务投资、供养父母三项家庭事务中，丈夫决定的比例高于妻子决定的比例。可以看出，丈夫和妻子对家庭事务的决策分工还是相对明确的，妻子主要负责家庭生活日常事务和子女教育方面的决策，而丈夫的决策权更倾向于买房买车、财务投资这样比较重大的家庭事务。但是总体而言，夫妻双方共同决定是新社会群体已婚家庭决策的主要模式，可以看出，在新社会群体已婚家庭中的家庭决策模式已经趋于多样化和民主化，并且家庭决策权在夫妻之间的分配非常符合家庭社会学对于现代家庭特征的定位，这从侧面表明新社会群体的家庭结构和现代性特征非常明显。

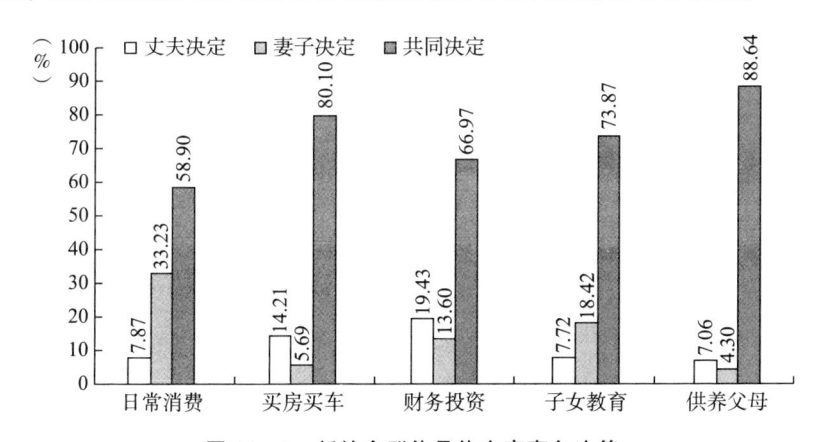

图 14-5 新社会群体具体家庭事务决策

整体来看，女性在家庭大小事务上拥有较大决策权。表 14-1 显示，无论是上海本地人还是外地人，女性在家庭大小事务上有较大决策权的均占据了一半左右，在小事上有完全决策权的接近 40%，而在大事上有完全决策权的则只有大约 12%。这一方面反映了家庭生活中，夫妻地位日趋平等；但是另一方面，在这个大形势下，夫妻之间的家庭决策分工有一定模式可循，丈夫的家庭决策地位依旧高于妻子，传统的影响仍然不可小觑。

上海本地女性在家庭大小事务上并没有比外地女性拥有更多的决策权。相比较而言，上海本地女性在家庭大事上拥有较大的决策权的比例高于外地女性；而上海本地女性（40.27%）在家庭小事方面的完全决策权略低于外地女性（42.45%）。这一方面反映了上海本地家庭的性别平等模式未必高于外地家庭；另一方面在上海家庭模式中存在一个特点，即男性对于日常生活事务的参与可能确实高于其他地方的男性。

表 14-1 女性在家庭大小事务上的决策权：户籍差异

单位：%

	家庭大事		家庭小事	
	上海本地人	外地人	上海本地人	外地人
没有决策权	0.99	1.35	0.77	0.88
较小决策权	19.09	23.99	3.66	5.91
较大决策权	67.59	61.88	55.30	50.77
完全决策权	12.33	12.78	40.27	42.45

从学历层面来看，女性在家庭小事上有较大决策权的比例随学历的升高而增加。大专以下、大专、本科和研究生学历女性在家庭小事上有较大决策权的比例分别为48.74%、53.59%、53.24%、63.44%；但是在家庭大事中有完全决策权的比例反而随学历的升高而降低，大专以下为22.75%、大专为10.14%、本科为7.48%、研究生为8.79%。这在一定程度上反映出教育可以提高女性的家庭决策权，但这种促进作用不可以无限放大，它启示我们，家庭事务决策权会受到多方面复杂因素的影响。

表 14-2 女性在家庭大小事务上的决策权：教育差异

单位：%

	家庭大事				家庭小事			
	大专以下	大专	本科	研究生	大专以下	大专	本科	研究生
没有决策权	1.72	0.68	91.00	2.20	1.68	0.65	0.29	1.08
较小决策权	24.03	22.30	18.79	20.80	5.88	3.92	4.71	4.30
较大决策权	51.50	66.89	71.82	68.10	48.74	53.59	53.24	63.44
完全决策权	22.75	10.14	7.48	8.79	43.70	41.83	71.76	31.18

总体而言，在家庭决策权中男女之间趋于平等，但男性依旧掌握着较大的决策权。人们日常中存在上海本地男性"妻管严"的印象，在家庭各项事务中其处于相对从属的地位，妻子占据绝对主导地位的情况没有得到数据的支持。新社会群体的上海家庭中在大小事务的决策上性别模式依然存在，这种性别模式的差异可能更多地体现在受教育程度上，而不是体现在户籍或者出生地上。

三 生育意愿

自20世纪90年代以来，我国总体生育率长期处于较低水平。如何理解我国的低生育率和促进生育率的提高也成为学界和政策制定者长期关注的焦点。了解新社会群体中已婚群体的生育状况和生育意愿，对促进中国未来可持续发展具有重要意义。"上海都市社区调查"（SUNS）中，对已婚的受访者询问了有无孩子以及家庭理想子女数。在999位接受调查的新社会群体中，我们保留了778个有效样本。回答"您现在有孩子吗"这一问题的有效人数为778人，其中有孩子的为671人，占总体的86.25%；相对来说，现在没有孩子的只有107人，仅占总体的13.75%。由此可见，在已婚新社会群体中大多数是有孩子的。

在家庭理想子女数方面，我们发现对相当多的已婚新社会群体来说，拥有2个孩子是较为理想的。有超过四分之三（77.12%）的已婚新社会群体认为家庭理想孩子数是2个，也有不到五分之一（17.48%）的认为家庭理想孩子数是1个及以下，家庭理想孩子数为3个及以上的则仅占5.4%。总体而言，有一部分人认为拥有1个孩子就够了，也有一小部分人希望拥有3个及以上子女。可见，以往那种多子多福的传统观念日益淡薄。不难理解，伴随中国社会的快速转型，现如今人们对于子女的价值定位、期望都已经发生重大变化，作为新生一代的父母，对于子女数量的多少不再那么关注了。这给我们的启示是，即使中国的生育政策全面放开，对于上海这样的大城市居民，特别是对新社会群体来说，也不会出现井喷式的生育释放现象。

进一步，我们分别考察了家庭理想子女数的性别、户籍和学历差异（见图14-6）。

性别因素的影响有限,在已婚新社会群体当中无论男性还是女性,他们中的大多数认为家庭理想子女数是2个。

户籍差异更多地体现在家庭理想子女数是1个及以下和3个及以上。虽然总趋势是无论本地人还是外地人,他们的大多数认为家庭理想子女数为2个;但是两个群体的差异更多地体现在家庭理想子女数是1个及以下和3个及以上。有25.84%的上海本地人认为家庭理想子女数为1个及以下,远远高于外地人(10.45%);而在认为家庭理想子女数为3个及以上的人群中,情况刚好相反,外地人的选择比例高于上海本地人。这种现象也在一定程度上反映了上海本地人低迷的生育意愿。

学历方面,大专、本科、研究生学历的人群中,理想子女数为1个及以下的比例均比大专以下学历的人群高。然而该群体理想子女数为2个的则高于大专和本科学历人群。研究生学历的人群认为家庭理想子女数为3个及以上的比例和大专以下学历的人群比例差不多,都在7%左右。这样看来,如果生育政策全面放开,可能是极少数人(包括受教育程度高和经济地位高的极少数人)得益,也就是说政策的影响面不会很大,对生育率的提升也是相对有限的。

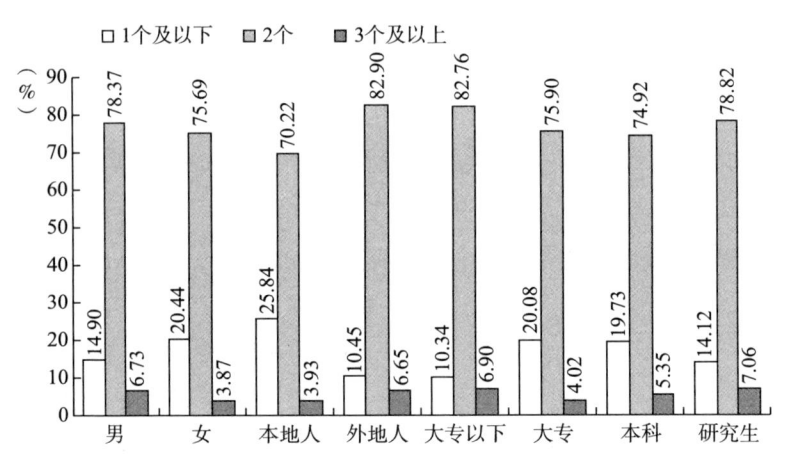

图14-6 家庭理想子女数的差异:性别、户籍、学历

党的十八届五中全会提出全面放开实施二孩政策后,立即引发社会各界热议。全面放开二孩政策后,人们是否会选择生育第二个孩子?在理想与现实之间,人们的实际行为又会受到哪些因素的影响?这些显然已经成为当前亟待探讨的问题。

依据表14-3可以做出一定的推测：在上海这样的大都市，人们会根据自身的家庭状况和经济能力在生育问题上表现出更多的理性，一方面，养育孩子带来的生活成本和生活压力很大，使得他们在生育孩子方面会做出慎重选择，会优先考虑能否养得起的问题；另一方面，优生优育的现代生育观念已经深入已婚群体中。

表14-3 家庭理想子女数与生育意愿的交互

单位：%

是否想再要孩子	家庭理想子女数			
	合计	1个及以下	2个	3个及以上
是	2.20	87.85	9.94	27.14
否	20.37	75.51	4.12	72.86

四 家庭生活满意度

随着中国改革开放和生活水平的不断提高，人们对自己生活的满意度是否也在上升？随着时代的发展，人们的家庭生活满意度出现了怎样的变化？从已有研究来看，家庭生活满意度并不必然与生活水平直接相关，因为家庭生活满意度是一个主观测量指标，是人们对于理想生活状态的期望，以及比较理想状态与现实状态之后得出的一个主观结论（风笑天，2007）。

在"上海都市社区调查"（SUNS）中，对家庭生活满意度进行的测量，主要由被访者自己判断对家庭生活是否满意，以及满意程度如何。具体来说分为五个问题，每个问题都有七个选项，我们把很不同意、不太同意、不同意统称为不同意，把同意、比较同意、非常同意统称为同意，这样，回答选项共有三类：同意、中立、不同意。

总的来说，上海新社会群体的家庭生活满意度是比较高的。由表14-4可以看出，有超过50%的新社会群体对自己的家庭生活感到满意，认为生活大致符合自己的理想，生活比较圆满。值得说明的是，在被问"如果我能重新活过，差不多没有什么东西我想改变"时，有超过1/2的人表示不同意，也就是说新社会群体虽然大多数人比较满意现在的生活，但还是希望能有所改善。

表 14-4　家庭生活满意度

单位：%

	不同意	中立	同意
我对自己的生活感到满意	12.18	22.78	65.03
直到现在为止，我都能得到我在生活上希望拥有的重要东西	18.12	20.07	61.81
我的生活大致符合我的理想	23.52	23.02	53.46
我的生活状况非常圆满	20.85	27.34	51.80
如果我能重新活过，差不多没有什么东西我想改变	51.01	18.42	30.56

具体来看，新社会群体在家庭生活满意度方面，因户籍、教育和婚姻状态不同而差异明显。

性别方面，基本不存在差异，也就是说，男女选择同意、中立、不同意的比例相当。

就户籍而言，上海本地人满意自己生活的比例（70.47%）明显高于外地人（59.63%），而且本地人不同意此说法的比例仅占约8%。这一统计数字表明相比外地人，在新社会群体中上海本地人具有较高的家庭生活满意度，这可能和我们认知的客观事实有关。上海当地人具有较大的户籍优势，并且与外地人相比，买房压力比较小，获得的社会支持和社会资源也比较多。

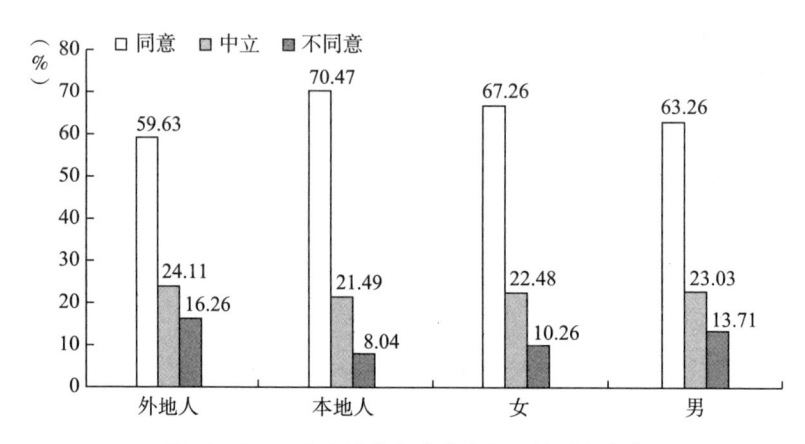

图 14-7　家庭生活满意度的差异：性别和户籍

在受教育程度方面，我们发现对自己生活的满意度会随着学历的升高而升高，本科和研究生学历群体同意的比例最高，分别为 65.03% 和 74.63%。此外研究生学历群体不满意自己生活的比例最低，为 8.21%。

由此可以看出，教育对于增加生活信心、提高家庭生活满意度具有积极作用。

婚姻是家庭生活中最为重要的因素，婚姻稳定能够给人带来归属感和安全感。不同婚姻状态下，家庭生活满意度不同。由图 14-8 可以看出，已婚新社会群体的生活满意度（70.85%）高于未婚群体（47.66%）；此外未婚群体的不同意比例（19.88%）比已婚群体的比例高出一半左右。这说明婚姻对于调节家庭生活满意度具有重要作用，有伴侣的人家庭生活满意度较高。

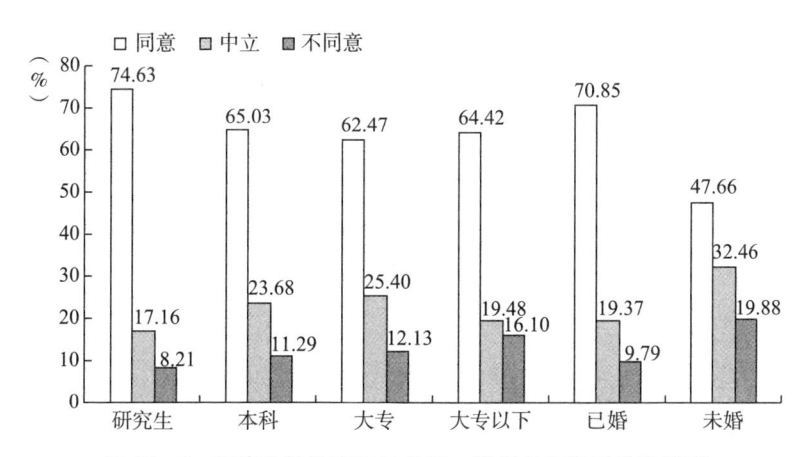

图 14-8　家庭生活满意度的差异：婚姻状态和受教育程度

进一步分析新社会群体在生活中是否有想要改变方面的差异。同样，性别在我们的调查数据中并没有显示出明显差异。在户籍方面，有超过一半的外地人（55.29%）显示出想要改变的想法，上海本地人则低 8.52 个百分点。这可能和他们的生活环境、生活经历有关。一般来说，外地人在上海生活需要付出更多的努力，并且还需要承受更大的生活压力，因此想要改变的想法会更加强烈（见图 14-9）。在受教育程度方面有个很有趣的发现，新社会群体随着受教育程度的提高，想要改变的比例会逐步降低。也就是说，学历越低的人越想改变生活；相反，学历越高的人越不想改变生活。其实这种现象很容易理解，它和前面分析的家庭生活满意度息息相关，受教育程度高的人，对自己生活的满意度较高，因此想要改变的想法就不强烈。总体而言，是否想要改变也可以间接衡量受访者对现有生活状况的主观感知。婚姻状态和受教育程度显示出来的差异较为相似，未婚群体（58.77%）比已婚群体（48.47%）表现出更多想要改变的想法，由此可见，与未婚群体相比，已婚人群更具有安定感或保守性（见图14-10）。

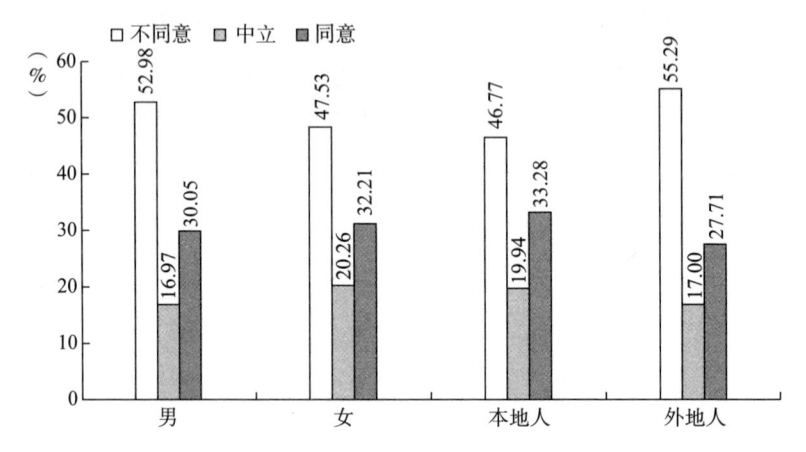

图14-9　生活中不想改变的态度差异：性别和户籍

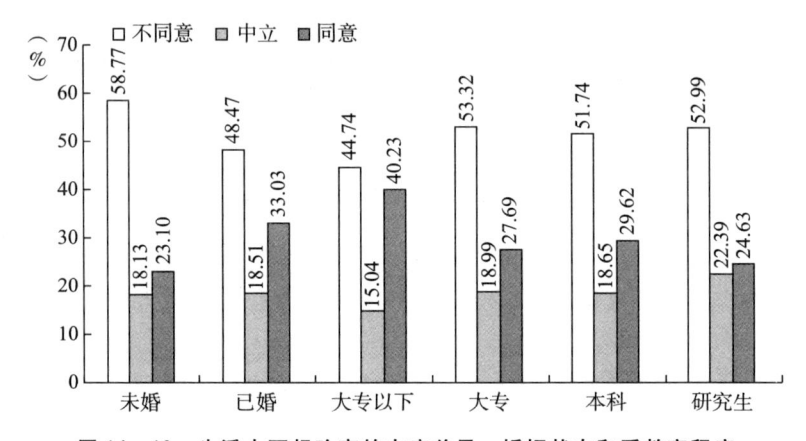

图14-10　生活中不想改变的态度差异：婚姻状态和受教育程度

五　小结

在上海的发展进程中，人们的家庭生活既对传统有所继承，也随着现代性的步伐向前迈进。就家庭生活、性别关系和生活态度而言，上海人生活中的性别模式依然牢固，传统的性别和婚姻家庭观念依然比较明显。这种模式在上海本地人和外地人当中普遍存在，本地人不一定比外地人有着更为平等的家庭交往模式和更为平等、现代的观念。值得重点指出的是，受教育程度所造成的家庭生活和观念上的性别差异在很大程度上取代了原先的地缘差异。也就是说，作为大都市的上海，历史上形成的基于地缘的生活差异正在慢慢消失，而通过教育等各种渠道形成的新兴城市中产正在引领这个城市的日常生活变革。当然，在当地人当中，男性对于家庭日常生活的参与可能相对较高，而受过高等教育的男性在性别平等观念上也走得稍远一些。本章通过对家务劳动、家庭决策、生育状况和意愿以及家庭生活满意度进行分析和描述，得出以下几点结论。

总体上女性比男性承担更多的家务劳动，但是从工作日和周末的家务劳动时间对比上看，家庭内两性的家务劳动时间分配在发生变化。男女从事家务劳动时间的差距在一定程度上缩小了。这从某个方面反映了新社会群体在家庭分工和家庭观念上发生的变化。但是，我们还要看到家务劳动时间依旧存在传统的性别角色分工。无论在平时还是周末，女性都比男性承担更多的家务劳动。户籍在家务劳动时间分配方面也存在明显差异，不同通婚模式下的男女两性的家务劳动时间也不同。已有研究发现，拥有更多资源的配偶会有更大的主动权，在其他条件都相同的情况下，控制更多资源的一方从事的家务劳动会少于其配偶，也就是说家务劳动的参与以及参与多少和夫妻双方拥有的相对资源有关。

新社会群体的家庭决策模式总体来看是比较民主的，夫妻双方共同决策的比例比较高。但是家庭内部的分工和对家庭事务的决策权也呈现明显的性别模式，在家庭具体事务和大小事务的决策权中，还没有实现男女平等，特别是在家庭大事的决策权上，女性还是落在男性的后面。此外，还需注意教育的微妙作用，即便教育能够缩小家庭内部的性别不平等和提高人们的性别平等意识，但是不能绝对消弭性别鸿沟。需要指出的是，女性在家庭大事中有完全决策权的比例甚至随学历的提高而降低。这可能说明在高学历人群中，女性会选择让渡自己的一部分权利，以期在家庭中树立一个符合传统性别角色分工的"好妻子"的形象。一方面，这与中外学者描述的性别实践一致；另一方面，可能与"上嫁婚"传统、"同质婚"上升以及劳动力市场男女收入差异扩大有关。

新社会群体的生育意愿整体偏低，但大多数人认为2个孩子是家庭理想子女数。生育无论是对家庭还是个人而言，都是需要经过深思熟虑的事情。当人们面临选择时，会主动权衡各种因素，并且倾向于选择对自己和家庭的生活质量有益的行为，谨慎考虑自己是否拥有生育和养育孩子的能力。

新社会群体的家庭生活满意度总体比较高，这是与近几十年的社会改革分不开的，特别是在经济发展领域，新社会群体整体的家庭生活满意度较高就很好地说明了这一点。但是值得注意的是不同性别、户籍、婚姻状态和学历的新社会群体会存在不同的认知差异，其中户籍和婚姻状态对家庭生活满意度的影响是一致的，如果一个人是上海户籍并且已经结婚，其家庭生活满意度比较高。

第15章 生活方式

生活方式是划分社会阶层的重要标准。布迪厄对于社会阶层的分析，强调实践的逻辑而不是经济决定论的逻辑，强调符号系统在阶级分析中的意义和角色，强调将文化、品位以及生活方式整合到一个统一的阶级分析框架中，从而区分出经济资本、文化资本和社会资本。在布迪厄的理论框架中，生活方式是社会阶层的外在表征，个体可以通过自己的生活方式，把自己与其他社会阶层的人区隔开来（布迪厄，1997）。

在当代社会，生活方式是社会阶层的外在标识，也是影响健康的重要因素。生活方式可以被界定为与健康风险相关的一系列行为模式，包括社会流行病学研究一直关注的吸烟、饮酒、饮食、锻炼、体检等与个人健康状态直接相关的因素（House，2002）。研究证明，社会经济地位（SES）与不健康的行为（如抽烟、缺乏运动、营养不良等）高度相关，潜在的因果机制包括贫困和不平等导致的压力、健康行为在阶层间的差异、个体缺乏健康风险的知识和获取渠道、社区资源分配不均、社会支持与同伴影响等（Fred，Krueger，and Denney，2010）。生活方式是健康的重要影响因素，这一点在国内也得到验证，社会经济地位越高的人，其产生和维持健康生活方式的动机和能力（经济支持）也越强；随着社会经济地位指数（SEI）的增加，人们经常参加健身/体育活动的机会相应增加，而经常参加健身/体育活动的人，其健康状况要优于那些不经常参加健身/体育活动者（王甫勤，2012）。

本章主要探讨上海新社会群体的生活方式。

一 不同群体之间的差异

（一）抽烟、喝酒的阶层差异

吸烟导致多种疾病。2016年上海市十四届人大常委会三十三次会议表决通过了关于修改《上海市公共场所控制吸烟条例》的决定，从2017年3月1日起上海的室内公共场所、室内工作场所、公共交通工具全面禁止吸烟。

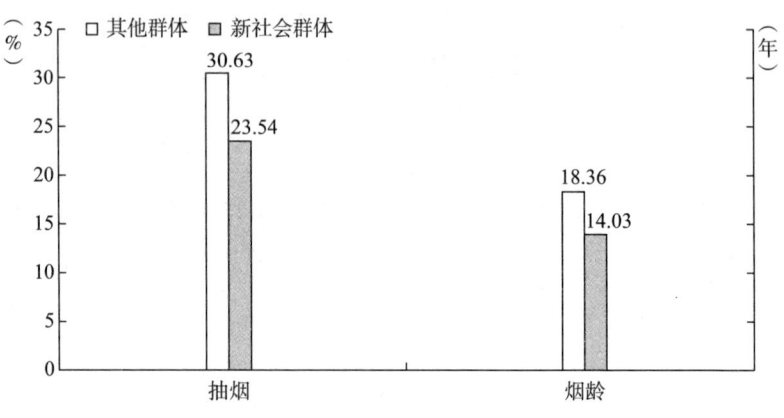

图 15-1 抽烟情况的阶层差异

与其他群体相比，新社会群体中抽烟的比例更低，抽烟烟龄也更短（见图15-1）。新社会群体中有不到四分之一（23.54%）的人有抽烟的习惯，而其他群体这个比例超过三成（30.63%）。另外，从抽烟的时间来看，其他群体的烟龄为18.36年，新社会群体的烟龄要少4年多，为14.03年。不管从抽烟的比例还是抽烟群体抽烟的烟龄看，新社会群体都比其他群体好。

新社会群体饮酒比例低，占比不到18%。饮酒同样会伤害身体，尤其是过度饮酒。酒精会抑制大脑的呼吸中枢，可能造成呼吸停止。另外，过量饮酒也会影响个体的免疫能力，大量饮酒容易酒精中毒。而有饮酒习惯的人更可能过量饮酒，SUNS数据显示新社会群体的饮酒比例比其他群体低，新社会群体饮酒的比例为17.35%，而其他群体饮酒的比例为23.17%。

（二）睡眠的阶层差异

1. 睡觉时间的阶层分布

都市是没有黑夜的，一方面是因为各种设施有24小时服务，另一方面是维持整个城市的运行需要有一些人24小时不间断劳动。在上海遍布着众多的便利店、快餐店，马路上有着流动的出租车。2017年4月28日起，上海地铁全网络多条线路延时运营。其中，轨交10号线和16号线全线分别常态延时运营25分钟和30分钟；轨交1、2、7、8、9、10号线6条线路在周五、周六延时运营至零点。

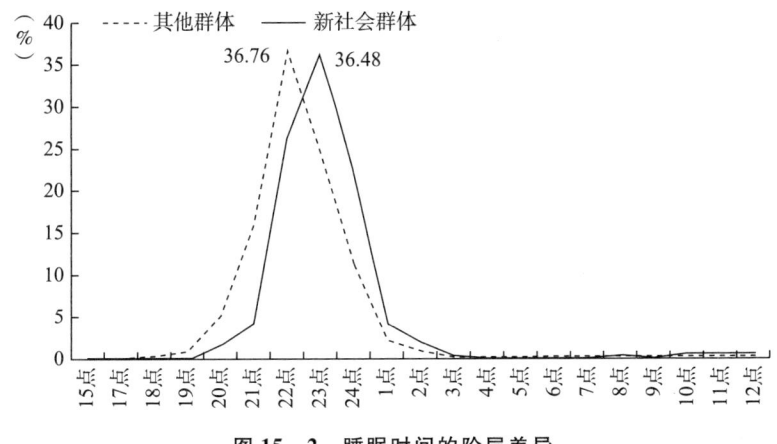

图15－2 睡眠时间的阶层差异

新社会群体普遍晚睡现象明显，大部分人在23点睡觉。这说明虽然在上海这座城市中有着系统的服务，但是从另一个角度看则是受都市中各类娱乐活动和生活压力的刺激，越来越多的人睡眠出现问题，或者说晚睡现象十分普遍。从图15－2可以看出，新社会群体的睡眠时间基本呈正态分布，他们比其他群体睡得晚。新社会群体很多人睡觉是在约23点，占到其总人数的36.48%；而其他社会群体很多人（36.76%）是约22点睡觉。

2. 睡眠质量的阶层差异

2017年发布的《中国人睡眠质量及科普报告》显示，中国近3亿人失眠，5000万人在睡眠中发生过呼吸暂停，38.2%的人存在睡眠问题，位居世界第二，睡眠问题着实令人担忧。[①] 2017年10月31日，华为运动健康发布《2017中国睡眠质量报告》，数据显示69.4%的用户睡眠质量不佳，中国人普遍面临睡眠问题，而上海居民在被调查的各城市中睡眠质量最好。[②]

新社会群体的睡眠质量差，近两成的群体很少或从没有过充足的睡

---

① 参见2017年中国睡眠研究会和梦洁家纺《中国人睡眠质量及科普报告》。
② 参见2017年华为运动健康《2017中国睡眠质量报告》。

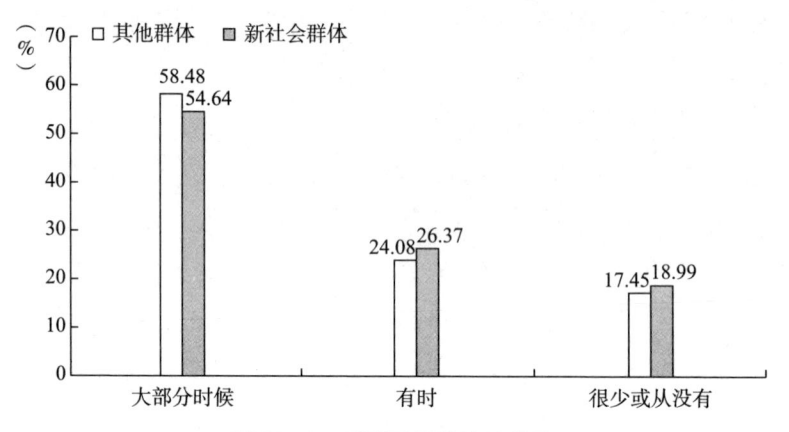

图 15-3 睡眠质量的阶层差异

眠。睡眠会影响到个体的其他行为,如睡眠质量直接影响到个人的精神状态和工作效率。如图 15-3 所示,在回答过去一个月早晨起来是否休息充分时,其他群体有 58.48% 的人回答大部分时候睡眠充分,新社会群体有 54.64% 的人回答大部分时候睡眠充分,说明其他群体的睡眠质量要比新社会群体的好。同样在回答"很少或从没有"睡眠充分的人中,新社会群体的比例高于其他群体。

3. 睡前使用电子设备

随着计算机技术和网络的发展,人们对于网络和电子产品越发依赖。手机和电子产品不离手已经成为普遍现象,"低头族""屏幕族"到处可见,在睡觉前使用电子产品也成为一种普遍现象。睡前使用电子设备会使得个体正常的睡眠习惯受到影响,睡得更晚或者睡意减弱。有研究发现,在上床前 1 小时内使用电子设备的程度与睡眠质量之间存在相关性,睡前使用电子设备会带来一种"过度刺激"。随着智能设备的产生,人们使用的电子产品除了打电话,还可以看视频、看邮件、聊天等,这会对个体的精神产生刺激,影响睡眠。电子产品产生的光线也会对眼睛的神经产生刺激,从而导致失眠。

新社会群体睡前使用电子设备的比例高,超过四成的人每天都使用。如图 15-4 所示,新社会群体中每天都使用电子产品的比例为 41.65%,这个比例远高于其他群体的 28.86%,这可能与新社会群体的特性相关。新社会群体中很多人从事与网络相关的行业,可能有更大的概率对网络和电子产品产生依赖。

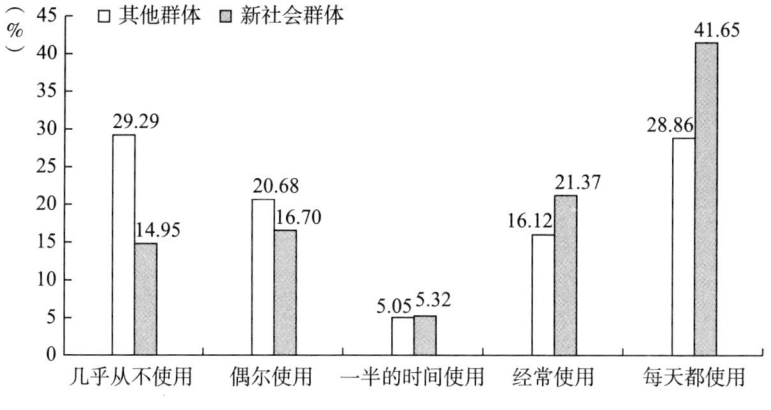

图 15-4 睡前使用电子设备的阶层差异

(三) 通勤的阶层差异

通勤,指从家中往返工作地点的过程。上海是一个交通便利的城市,地铁网线和公交网线四通八达,地铁承担了上海市公共交通一半的客流量。

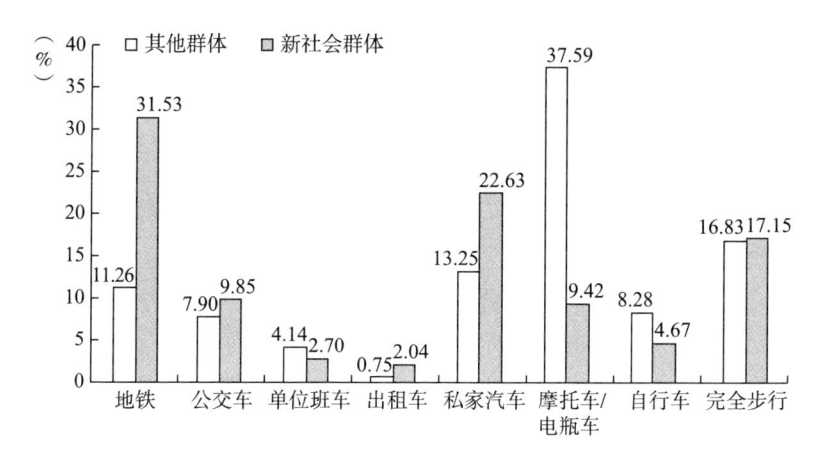

图 15-5 通勤工具的阶层差异

地铁是新社会群体通勤的主要工具。由图 15-5 可知,新社会群体主要的通勤方式是坐地铁 (31.53%),而其他群体主要的通勤工具是摩托车/电瓶车 (37.59%)。新社会群体使用公交车、出租车和私家汽车的比例也高于其他群体,而使用单位班车、摩托车/电瓶车、自行车的比例低于其他群体。造成差异的原因可能是新社会群体中大多数人为白领,他们更多的是在中心区上班,需要使用地铁的概率会更高。

二 新社会群体内部的差异

随着时代的发展,新社会群体构成日益复杂,来源多样,他们的价值取向也是多元的(新社会阶层江苏研究基地课题组,2014)。新社会群体并不是一个同质的群体,我们需要考察其内部的差异,此节就是研究新社会群体内部生活方式的差异。

(一) 新社会群体抽烟、喝酒的情况

在新社会群体内部,受教育程度越高,抽烟、喝酒的比例越低。新社会群体抽烟、喝酒的比例在内部存在差异。由图15-6可知,新社会群体的受教育程度越高,抽烟和喝酒的比例越低。高中、技校及以下学历的群体抽烟、喝酒的比例最高,抽烟的占到了38.78%,喝酒的有近三成(29.28%)。大专学历的群体中,有27.84%的人抽烟,有14.85%的人喝酒。在本科及以上学历的群体中,抽烟与喝酒的人的比例大致相当。

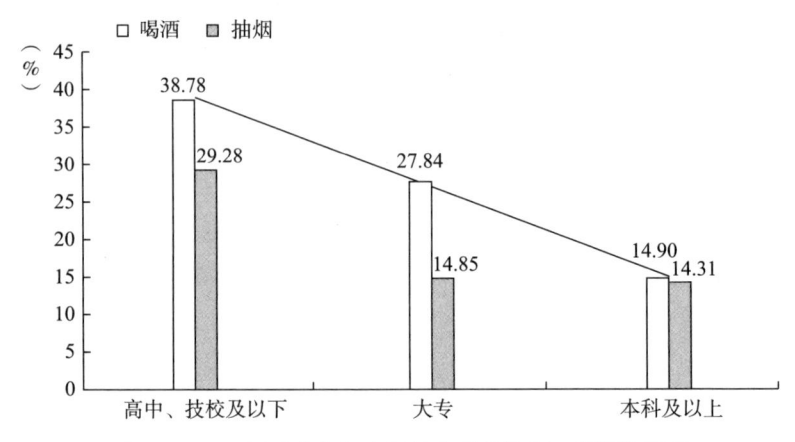

图15-6 不同受教育程度新社会群体抽烟、喝酒的情况

在新社会群体中,在外资企业工作的抽烟、喝酒的比例最低。在不同单位工作的新社会群体,因为单位文化和工作内容的不同,抽烟、喝酒的比例也会有差异。如图15-7所示,在外资企业工作的人抽烟、喝酒的占比都很低。在外资企业工作的新社会群体抽烟的比例为17.74%,

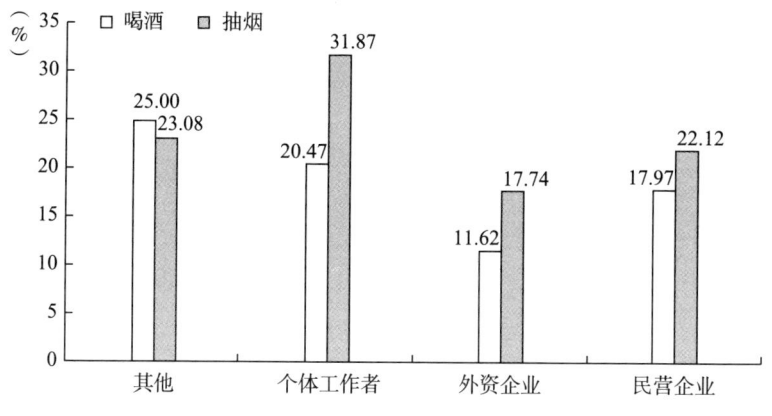

图 15-7 单位与抽烟、喝酒的分布

喝酒的比例为 11.62%，这两个值都低于在其他单位中工作的新社会群体的比例。在民营企业中工作的，喝酒的比例为 17.97%，抽烟的比例为 22.12%。新社会群体中个体工作者的抽烟比例是最高的，抽烟的比例为 31.87%，喝酒的比例为 20.47%。原因可能是不同类别单位的企业文化不同，外资企业更多的是西方文化，而民营企业和个体工作者更多的是中国文化。

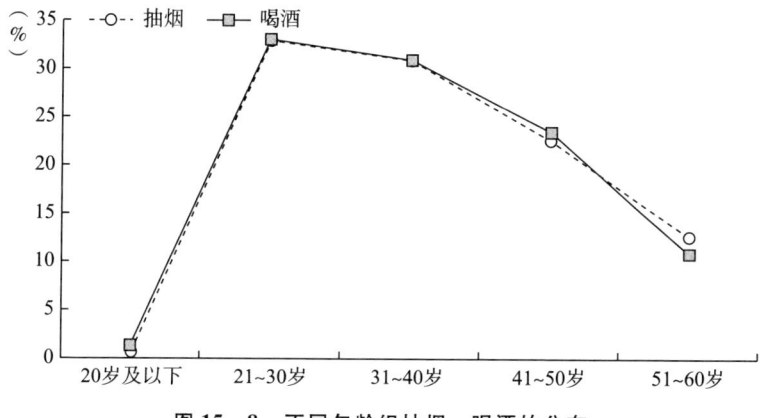

图 15-8 不同年龄组抽烟、喝酒的分布

按年龄段看抽烟、喝酒的分布，两者有高度的相关性，如图 15-8 所示，在小于 40 岁的新社会群体中，抽烟和喝酒的比例几乎是重合的。在 20 岁及以下的群体中比例较低，而在 21~30 岁群体中比例却是最高的。如果转变为从出生年代看，则代表着 20 世纪 80 年代、90 年代出生的群体

抽烟、喝酒的比例最高（见图15-8）。

（二）新社会群体抽烟时长的差异

抽烟是影响健康的行为，抽烟的时间越长，危害的程度可能越大。我们研究发现，受教育程度越高，抽烟的年限越短。高中、技校及以下学历的新社会群体平均抽烟年限为18.47年，大专学历的平均抽烟年限为12.66年，而本科及以上学历的年限为11.18年。原因可能在于受教育程度高的群体，有更好的健康意识，从而降低了抽烟、喝酒的比例。

在不同单位工作的新社会群体平均抽烟年限会有差异，在外资企业工作的新社会群体平均抽烟年限最短，为10.12年。在民营企业工作的新社会群体平均抽烟年限为14.26年，新社会群体中个体工作者的平均抽烟年限最长，为15.83年。在外资企业工作的新社会群体抽烟比例低、抽烟年限短，这可能与外资企业的企业文化和职员的年轻化相关。

（三）新社会群体运动频率的差异

在现在的都市中，运动日益成为阶层差异的表现，因为运动需要时间和金钱，即除了上班和通勤之外人们还要有自己可以自由把握的时间，到健身房也需要一定的费用。

表15-1 工作单位与运动频率

单位：%

单位性质	最近三个月运动频率					
	几乎从不	每月一次	两周一次	每周一次	每周两三次	几乎每天
民营企业	36.56	9.83	7.68	16.90	16.59	12.44
外资企业	36.09	10.70	7.65	19.88	15.90	9.79
个体工作者	45.16	5.87	5.28	10.85	12.32	20.53
其他	40.38	5.77	3.85	17.31	13.46	19.23

在运动频率上，在外资企业中工作的新社会群体运动的比例最高。如表15-1所示，在不同单位工作的新社会群体最近三个月的运动频率是有差异的。民营企业中几乎从不运动的占比为36.56%，外资企业中有36.09%的人几乎从不运动，个体工作者中几乎从不运动的比例最高，

为 45.16%。

在新社会群体中，受教育程度高（本科及以上学历）的更会合理地进行运动。如表 15-2 所示，在新社会群体中不同受教育程度的人的运动频率是有差异的。从图 15-9 中可以清晰地看到，高中、技校及以下学历的人中几乎不运动的比例最高，将近半数（45.63%），大专学历的其次，为 41.86%。本科及以上学历的不运动的比例最低，只有 34.07%。在回答几乎每天运动的人中，高中、技校及以下学历的比例最高，有近四分之一（24.71%）的人每天都运动，大专学历的排名第二，本科及以上学历的排名第三。低受教育程度（高中、技校及以下）的运动频率呈现两极化，要么不运动要么天天运动。而受教育程度高（本科及以上学历）的新社会群体，会均衡地保持运动状态，而不是过量运动。

表 15-2 受教育程度与运动频率

单位：%

受教育程度	最近三个月运动频率					
	几乎从不	每月一次	两周一次	每周一次	每周两三次	几乎每天
高中、技校及以下	45.63	4.18	4.94	11.03	9.51	24.71
大专	41.86	10.47	4.65	14.88	14.19	13.95
本科及以上	34.07	9.73	9.14	18.88	18.14	10.03

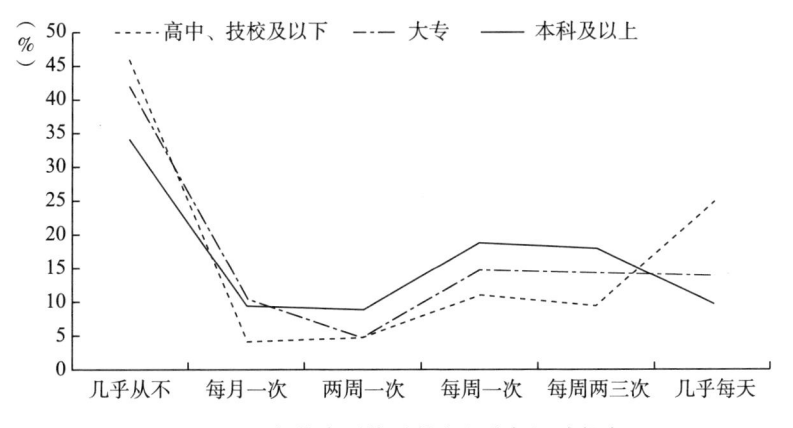

图 15-9 新社会群体受教育程度与运动频率

（四）新社会群体通勤的差异

新社会群体中受教育程度越高，使用地铁通勤的比例越高。在新社会群体中，随着受教育程度的提高，地铁、公交车的使用占比增大，使用私家汽车和完全步行的比例在降低。如表15-3所示，地铁使用的占比随着受教育程度的上升而升高：高中、技校及以下学历为6.84%，大专学历为29.77%，本科及以上学历为42.25%。公交车的使用和地铁的使用趋势一致，学历越高，使用公交车的人占比越高：高中、技校及以下学历群体中使用公交车的为3.04%，大专学历的为9.53%，本科及以上使用公交车的为12.70%。使用私家汽车上班的由低学历到高学历占比逐渐降低：由28.90%降到23.02%，本科及以上学历为19.94%。完全步行上班的在高中、技校及以下学历群体中的占比为36.88%，大专学历上班完全步行的占比为15.58%，本科及以上完全步行上班的为10.49%。

表15-3 受教育程度与通勤方式

单位：%

受教育程度	通勤方式			
	地铁	公交车	单位班车	出租车
高中、技校及以下	6.84	3.04	0	3.04
大专	29.77	9.53	3.02	0.93
本科及以上	42.25	12.70	3.55	2.36

受教育程度	通勤方式			
	私家汽车	摩托车/电瓶车	自行车	完全步行
高中、技校及以下	28.90	17.49	3.80	36.88
大专	23.02	13.02	5.12	15.58
本科及以上	19.94	3.99	4.73	10.49

在外资企业工作的新社会群体使用地铁的频率最高。在新社会群体中，在不同单位中工作所使用的通勤工具也有显著差异（见表15-4）。在民营企业中工作的使用地铁的占比为38.00%，外资企业中工作的使用地铁的比例最高，为45.12%。个体工作者中只有8.21%的人出行使用地铁。在民营企业中工作的新社会群体中，坐单位班车的比例在几类工作单位中

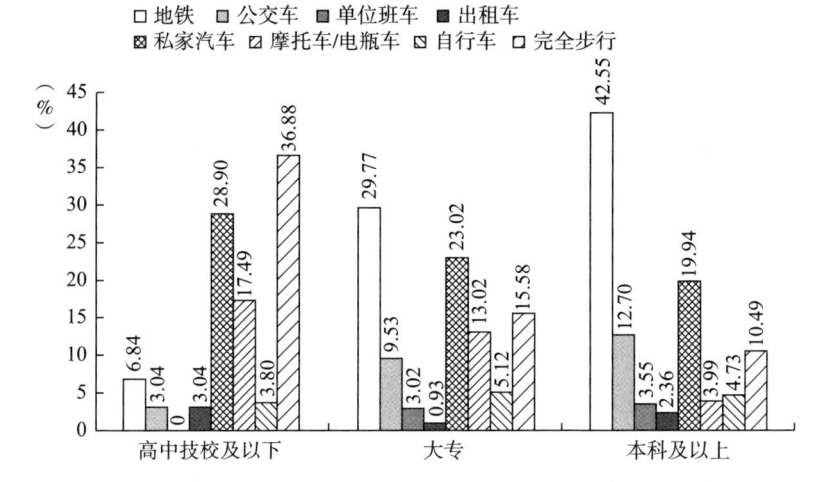

图 15-10 受教育程度与通勤方式的分布

最低（1.38%）（个体工作者除外），个体工作者中完全步行的比例最高（38.12%），其他工作单位类别的群体中使用公交车的占比最高（13.73%）。图 15-11 更清晰地显示出趋势。

表 15-4 新社会群体单位性质与通勤工具

单位：%

单位性质	通勤方式			
	地铁	公交车	单位班车	出租车
民营企业	38.00	11.69	1.38	2.15
外资企业	45.12	10.37	8.23	1.52
个体工作者	8.21	5.28	0.29	2.35
其他	17.65	13.73	0	1.96
单位性质	通勤方式			
	私家汽车	摩托车/电瓶车	自行车	完全步行
民营企业	24.15	7.23	5.23	10.15
外资企业	16.46	7.62	3.35	7.32
个体工作者	26.10	15.25	4.40	38.12
其他	19.61	9.80	7.84	29.41

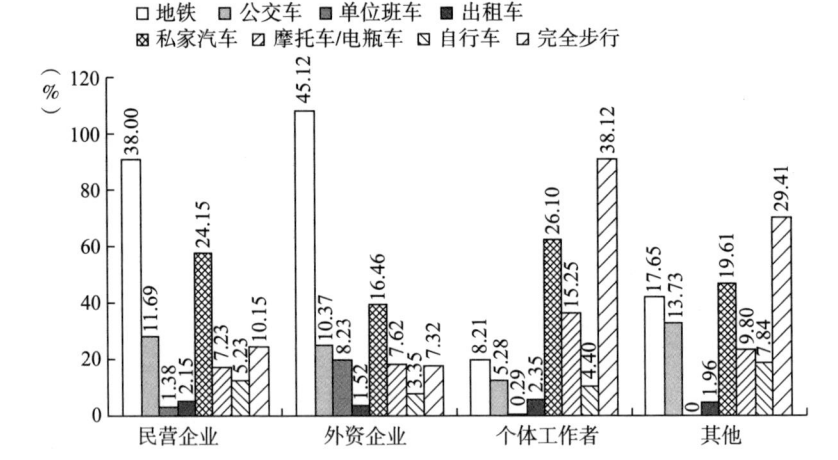

图 15-11　新社会群体单位性质与通勤方式的分布

三　小结

新社会群体的很多特性，现在仍然处于探索当中。首先，我们需要了解新社会群体与其他群体的差异。其次，新社会群体的组成是非常多元化的，其受教育程度、从事行业、技能水平等都千差万别，因此我们也需要了解新社会群体的内部差异。生活方式是一种区隔社会阶层的重要指标和表现，也是影响个体健康的重要因素。

将新社会群体与其他阶层进行比较，新社会群体有着更健康的生活方式，但是在睡眠方面比较差。首先，在抽烟、喝酒方面，新社会群体相比较其他群体，有更低的抽烟比例和更短的烟龄。其次，在睡眠方面，新社会群体晚上睡觉时间总体上比其他群体晚约一个小时，睡眠质量相对差。再次，新社会群体睡前使用电子产品的比例更高。最后，在通勤方式方面，新社会群体更多使用地铁，占到31.53%，远高于其他群体。

新社会群体本身构成的多样性和特殊性，导致其内部的生活方式异质性很强。总体上受教育程度高的、在外资企业工作的新社会群体的生活方式更为健康。首先，在抽烟、喝酒方面，新社会群体内部随着受教育程度的提高比例都降低了，即受教育程度越高，抽烟和喝酒的就越少。在不同单位中工作的新社会群体，个体工作者抽烟的比例最高，在其他单位中工作的喝酒的比例最高。年龄分布上，随着年龄的增长新社会群体抽烟、喝酒的比例降低。其次，在抽烟方面，受教育程度越高，抽烟的年限也越短，在外资企业工作的新社会群体平均抽烟年限最短。再次，在运动频率方面，个体工作者从不运动的比例最高，受教育程度高的新社会群体更注重做适当的运动。最后，在通勤方式方面，受教育程度高的、在外资企业工作的新社会群体更多地会选择通过坐地铁上下班。

第16章 身心健康

随着我国经济水平的增长，民众的健康水平也得到了提升，从很多健康指标上看，中国居民的健康状况已可以和西方国家相媲美。但是，我们也要清醒地认识到，虽然中国居民的健康状况得到极大改善，但是我们距离世界发达国家的水平还有比较大的差距（黄钢、金春林，2017）。

根据世界卫生组织（WHO）的定义，健康包括了身体、心理和社会适应三个方面。健康的定义不仅强调生物学因素与健康的关系，也包含心理和社会因素对人体健康的影响（江捍平，2010）。健康的总体状况用自评健康、客观健康（医生诊断的患病情况）以及精神状况三个指标进行综合测量，通过综合测量才能全面地了解健康的状况。

在本章的第一节分析新社会群体与其他工作群体的健康差异，从自评健康水平、医生诊断疾病和精神健康状况进行分析；第二节分析新社会群体精神健康的内部差异，主要从生活、居住和工作等方面进行分析。①

一　不同群体之间的健康差异

（一）BMI

BMI指数，即身体质量指数（Body Mass Index），其主要是衡量人体胖瘦和健康程度的标准。目前BMI是世界公认的评价身体健康尤其是肥胖程度的指标。世界卫生组织对于BMI指数有具体的划分标准，BMI指数小于18.5属于偏瘦，18.5～24.9属于正常，大于等于25属于超重范畴，具体在超重中25～29.9属于偏胖，30～34.9属于肥胖，35～39.9属于重度肥

---

① 本章选取了年龄在60岁及以下的劳动年龄段群体与新社会群体进行对比。

胖，大于等于 40 则属于极重度肥胖。但是因为人种和体型的不一致，BMI 指数也有亚洲标准，同时也有中国标准。本节就是根据 BMI 指数的中国标准将体型划分如下：BMI 指数小于 18.5 属于偏瘦，在 18.5~23.9 属于正常，大于等于 24 属于超重，24~27.9 属于偏胖，大于等于 28 则属于肥胖。体型与相关疾病的发生有着密切关系，偏胖和肥胖都会增加疾病发生的风险，最理想的 BMI 指数为 22 左右。

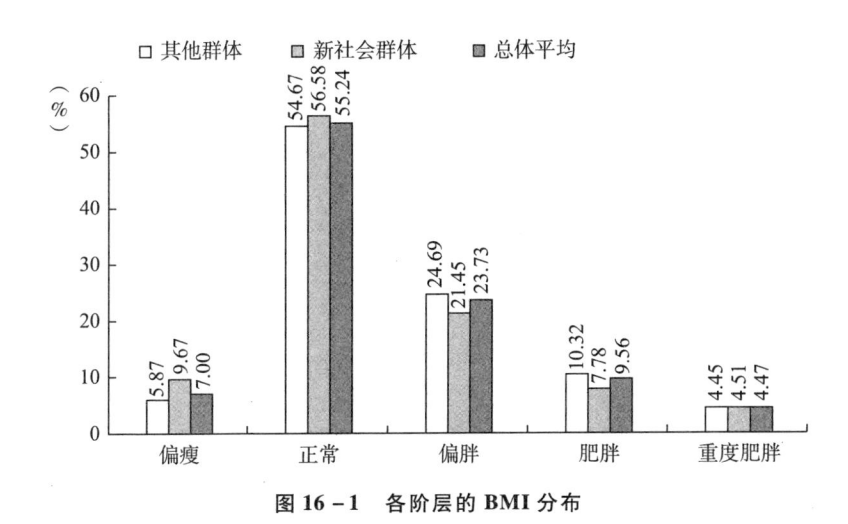

图 16－1　各阶层的 BMI 分布

新社会群体体型正常者居多，偏瘦的比例高。根据 SUNS 数据，上海各群体的 BMI 指数分布如图 16－1 所示，在偏瘦的类别中，新社会群体的比例高于其他群体，9.67% 的新社会群体偏瘦，5.87% 的其他群体偏瘦。体型正常的比例中也是新社会群体的比例更高，新社会群体中有 56.58% 的人体型正常，其他群体的这个比例为 54.67%。在体型偏胖和肥胖的类别中，新社会群体的比例都比其他群体低。其他群体中有 24.69% 的人偏胖，10.32% 的人肥胖，新社会群体中有 21.45% 的人偏胖，7.78% 的人肥胖。可见，新社会群体体型保持得较好，他们中正常和偏瘦的较多，偏胖和肥胖的比例都低于其他群体。在重度肥胖的比例中新社会群体和其他群体差异不大。

（二）自评健康

自评健康是最常用的健康测量指标之一，因为它对健康状况和风险因子的包容性和准确性很高。虽然有学者认为自评健康和客观健康指标不能呈现相同的趋势，但在一定程度上自评健康可以代表整体健康水平（齐亚强，2014）。在 SUNS 数据中，新社会群体的自评健康水平比其他群体更好，自评为健康的比例在新社会群体中为 45.31%，而其他群体的比例为 42.81%。

新社会群体的自评健康随着年龄的增长越来越差。随着年龄的增长，自评健康的比例总体上由高到低转变，代表着自评健康越来越不好，这也是符合衰老定律的——随着年龄的增长个体健康水平下降。但是在 20 岁及以下年龄组的自评健康比例也比较低（41.67%），可能的原因是这个年龄组的样本较少，导致结果有偏差。21~30 岁年龄组中自评为健康的比例为 49.09%，即在新社会群体的这个年龄组中有近一半的人自评为健康。31~40 岁年龄组中自评健康的比例降到 45.26%。41~50 岁年龄组中自评健康的比例为 41.60%。51~60 岁年龄组中自评健康的比例最低，有 35.87% 的人为自评健康。

（三）身体疾病

客观的健康测量指标，如身体疾病，是与 BMI 指数和自评健康相对的测量指标。在 SUNS 问卷中调查的常见疾病包括胃肠道疾病、高血压、糖尿病、高血脂/高胆固醇、肺部疾病、心脏病、恶性肿瘤、中风、眼疾、老年痴呆症、关节炎和肝胆疾病等。

总体上，新社会群体在常见疾病上得病的情况少于其他群体。新社会群体的健康水平总体高于其他群体，只在胃肠道疾病的患病率上高于其他群体，其余疾病患病率都低于其他群体（见表 16-1）。新社会群体患胃肠道疾病的比例为 14.04%，而其他群体的这一比例为 11.90%。在其他群体中被医生诊断为高血压的占 12.11%，这个数值是新社会群体的（5.02%）2 倍多。关于关节炎，其他群体的比例为 7.69%，也是新社会群体被诊断比例（2.98%）的 2 倍多。除了以上这几种疾病，其余的疾病其他群体和新社会群体在患病率上差异不大，都是其他群体的比例稍高于新社会群体。

表 16-1 各阶层间疾病发生率

单位：%

群组	疾病发生率					
	胃肠道疾病	高血压	糖尿病	高血脂/高胆固醇	肺部疾病	心脏病
其他群体	11.90	12.11	2.63	7.57	3.83	2.78
新社会群体	14.04	5.02	1.45	6.62	3.64	1.89

群组	疾病发生率					
	恶性肿瘤	中风	眼疾	老年痴呆症	关节炎	肝胆疾病
其他群体	0.62	0.19	2.16	0.19	7.69	5.32
新社会群体	0.36	0	1.31	0	2.98	3.78

新社会群体中有近七成的人没有疾病。疾病有时并不是单一出现的，有些被访者同时会患有多种疾病，具体如图 16-2 所示。在 SUNS 数据中，新社会群体未被医生诊断患有问卷中所列疾病的比例为 68.73%，这就意味着有近七成的新社会群体被访者身体健康，而在其他社会群体中没有患病的比例为 63.69%。新社会群体被诊断患有一种疾病的占到近四分之一（24.87%），受到二种疾病困扰的新社会群体被访者有 4.44%，只有 0.80% 的被访者患有四种及以上的疾病，这个比例非常低。而其他群体，有 23.89% 的人患有一种疾病，这个比例低于新社会群体，但是有 7.69% 的人患有二种疾病，2.66% 的人患有三种疾病，2.07% 的人被诊断有四种及以上的疾病。

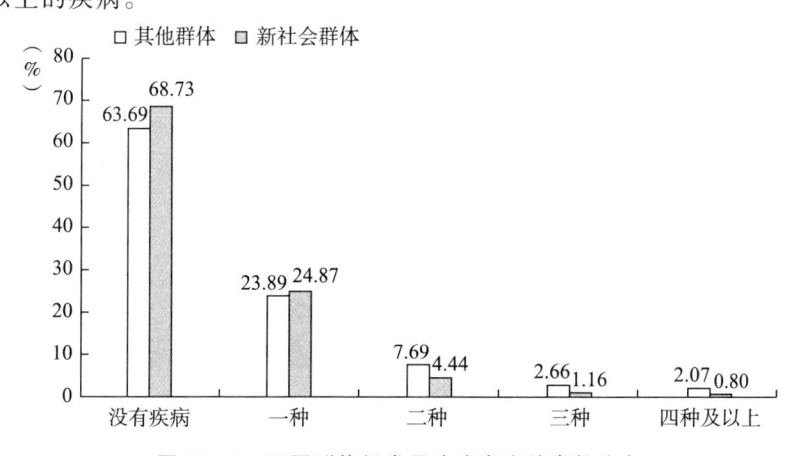

图 16-2 不同群体间常见疾病发生种类数分布

(四) 精神健康

健康不只包括身体健康，还包括精神健康。随着城市的生活压力增大，精神健康成了严重的社会问题，需要被关注。新社会群体的精神健康指标总体上好于其他群体，但也会经常感到恐惧和紧张。精神健康方面的状况如图16-3所示，新社会群体在"感到恐惧""感到紧张"方面的比例稍高于其他群体，其余的指标都是低于其他群体。其他群体"感到恐惧"的比例为4.97%，新社会群体的比例为5.52%。其他群体"感到害怕"的比例（3.76%）略高于新社会群体的3.46%。"提不起精神"的比例也是其他群体（12.56%）高于新社会群体（12.44%）。"感到紧张"的比例是新社会群体更高（8.09%），其他群体是7.53%。"经常责备自己"是其他群体的比例（9.55%）高于新社会群体（8.09%）。"睡得不安宁"也是其他群体的比例（14.49%）高于新社会群体（13.76%）。"感到抑郁"两者间的差异不大，其他群体为6.39%，新社会群体为6.33%。在"感觉自己毫无价值"这个选项上其他群体的比例为7.18%，远高于新社会群体的4.93%。其他群体在"做什么事情都很困难"这一项上的比例为9.43%，高于新社会群体的7.51%。另外在"感觉未来毫无希望"上，其他群体的比例为7.88%，而新社会群体的比例为4.42%。因此从整体上看，新社会群体的精神健康好于其他群体，只是在个别选项上高于其他群体，比如"感到恐惧"和"感到紧张"。

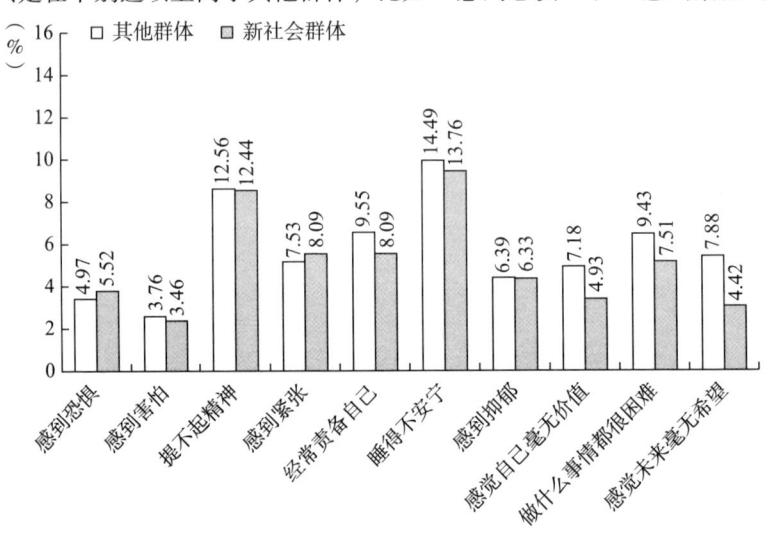

图16-3 精神健康的群体差异

二 新社会群体的精神健康

城市是人类活动的聚集地，集聚着各式各样的资源与机会，同时也有着各种压力与挑战。生活在都市中的人因受到各方面的压力而精神紧张。据世界卫生组织统计，当前，抑郁症已成为世界第四大疾病，预计到2020年将成为仅次于心脏病的人类第二大疾病。上海作为中国最大的经济中心，人们生活的快节奏和高压力同时并存，因此保障城市的健康稳定发展需要关注人们的精神健康。本节则主要分析新社会群体的精神健康状况。

精神健康的测量采用指标加总的方式，即把各个指标加总算得总分。具体指标是："感到恐惧""感到害怕""做什么都提不起精神""感到紧张""经常责备自己""睡得不安宁""感到抑郁""感觉自己毫无价值""做什么事情都很困难"和"感觉未来毫无希望"。计分标准："很少或者根本没有"计1分，"不太多"计2分，即一周只有一两天有如此感觉，"有时或者一半时间（3~4天）"计3分，"大多数时间（5~7天）"计4分。将这些加总得到一个10~40的分数，分数越高则代表着精神健康越不好。

（一）性别差异

女性在精神健康方面情况比男性差，但是她们到退休年龄后精神健康状况就会好转。如图16-4所示，在精神健康方面，男性和女性随着年龄的增长，精神状况会发生变化。在45岁之前，女性的精神健康状况都比男性差，从图上展示出来的就是，女性得分的平均值总是比男性的平均值高。女性在45~55岁的精神状况和男性相当。但在55~60岁年龄组，女性的精神状况明显比男性好。这可能与男女的退休年龄相关。我国劳动法规定，男性职工退休年龄为60周岁，女性为55周岁。女性在55岁前，还没有退休，面临家庭和工作的双重压力，导致精神状况不好，但等到女性55岁退休后，没有了工作负担，精神状况明显好转。

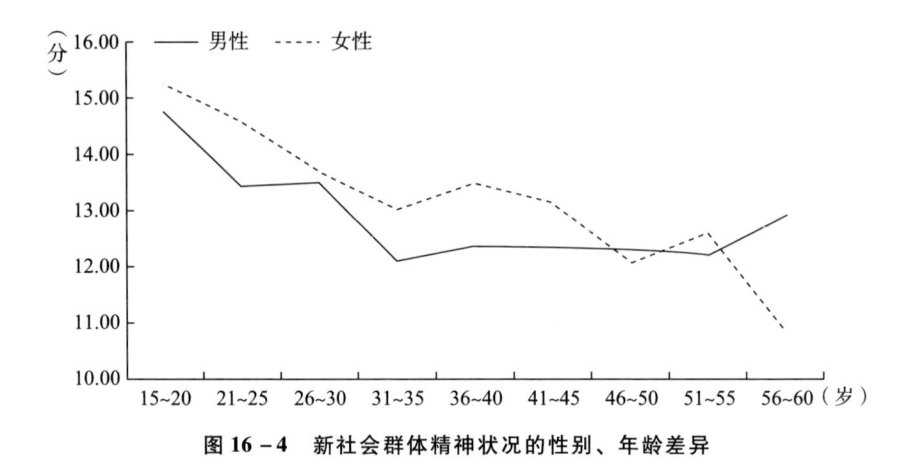

图 16-4 新社会群体精神状况的性别、年龄差异

(二) 受教育程度

大专学历的新社会群体精神健康状况稍差于其他受教育程度的新社会群体。教育和健康都是经济发展中具有核心地位的指标,也是个体人力资本的两个最重要的方面(李亚慧、刘华,2009)。教育有助于人们选择更健康的生活方式,从而能够促进健康水平的提高。在新社会群体中,精神状况与受教育程度密切相关。在高中及以下学历的群体中精神状况均值为13.15,精神状况较好。而在大专学历的群体中,精神状况均值为13.62,在本科及以上的学历中这个数值为13.46。虽然三者的差异不大,但是大专学历的群体精神状况稍差。

(三) 婚姻与精神健康

家庭,尤其是婚姻状况,对于个体的精神健康具有非常重要的影响。多项研究表明,相对于非婚者,在婚状态的个体,具有明显更好的精神健康状况。这其中的原因可能是:婚姻可以为个体提供情感支持和经济支持,在婚者在社会规范的约束下会有更加健康的生活方式,以及婚姻中的互相照顾等(Slatcher,2010)。

在新社会群体中,没有结婚的群体(未婚、同居)精神健康状况差。婚姻状况与个体的精神状况密切相关(见图 16-5),新社会群体中,未婚的精神状况得分均值为 14.05,同居的精神状况最差(14.36),已婚的精神状况得分均值为 12.67,离婚的精神状况最好(12.35),丧偶群组中精神

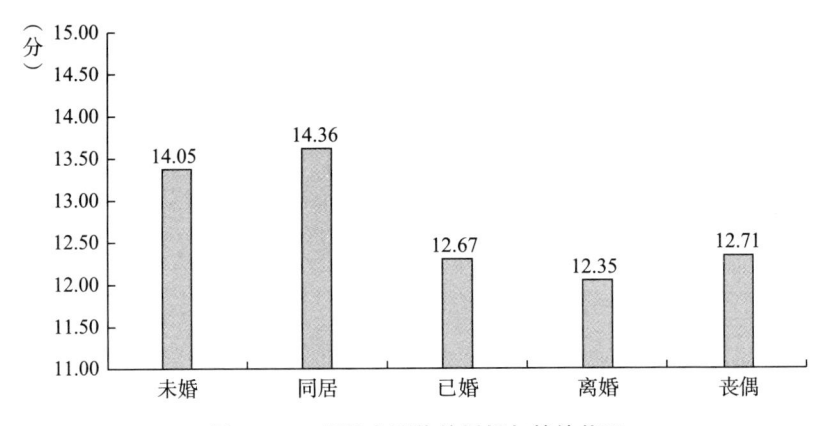

图 16-5 新社会群体的婚姻与精神状况

状况得分为 12.71。从图 16-5 中可以了解到各个婚姻状态下群组精神状况的得分均值。各个群组间差异并不大。未婚和同居的群体可能因为个体的不确定感很强，精神压力大。而离婚群体则可能是离婚让他们得到一种解脱。

（四）公平感与精神健康

个人精神状况会随着自我公平感认知的提升而变好。从图 16-6 可知，在考虑教育背景、工作能力等方面因素后，认为自己获得的收入"很不公平"的群组，健康状况得分均值最高（15.46），精神状况较差。由图 16-6 可知两者是高度相关的，感觉到收入"非常公平"的人，精神状况最好（11.58）。

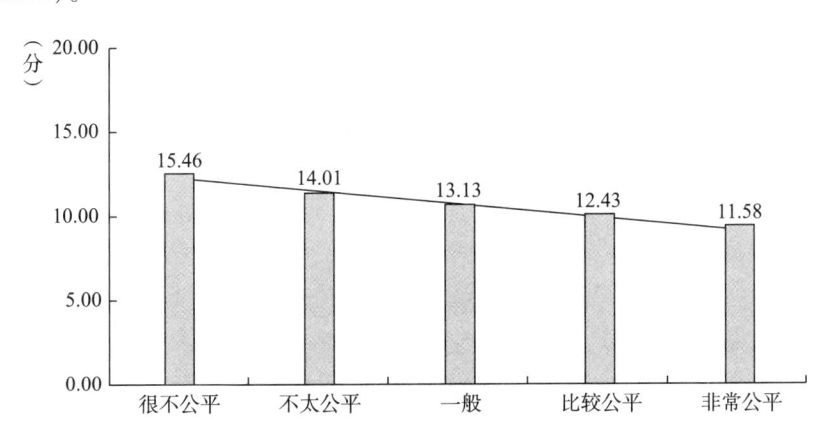

图 16-6 新社会群体的公平感与精神状况

（五）居住与精神健康

相关研究表明，社会资本（信任、互惠和网络）对心脑血管疾病、心理健康以及主观健康感都有着重要影响，而且这种影响不会因为收入变量的加入而发生显著变化（朱伟珏，2015）。作为社会资本的重要承载者，社区扮演着重要角色。社区是城市社会和政治组织最小的单位。作为"地域共同体"，社区具有物理维度和社会维度，物理维度指社区的地域性或空间性，即社区是具有一定边界的时空存在的；而社会维度是指人们在共同生活中存在和形成的功能、组织、心理情感上的联系（王小章，2002）。社区能否形成真正的地域共同体，这取决于两个维度的相互建构关系，居住与生活在共同空间是否可以形成相对应的网络、认知和情感，另外这种网络是否可以将空间构成独特的意义空间（方亚琴，夏建中，2014）。社区的凝聚力、规范、动员能力等因素对社区成员的影响十分大。因此社区效应也是健康研究的重要方面。

住房问题在上海一直是个热点问题，即使不买房，租房的成本也是十分高。很多人的租住条件较差，社区条件、房屋面积等都不容乐观。个体的居住地是其每天生活的地方，居住情况对于个体的健康会产生影响，考察对住房的满意度如何影响精神健康状况可以发现，个体对住房情况越是满意，精神状况也越好。如图 16-7 所示，个体对于住房的满意度与精神状况密切相关。对住房"非常不满意"的群组精神状况数值为 15.50，而对住房"非常满意"的群组健康状况为 12.13。

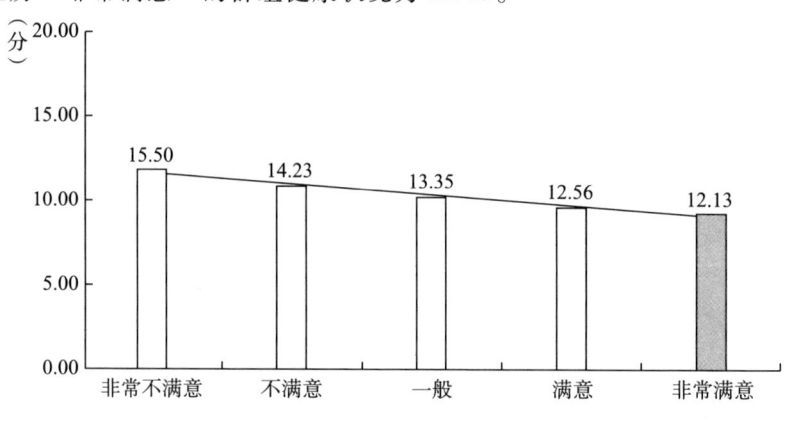

图 16-7 新社会群体的住房满意度与精神状况

(六) 通勤与精神健康

新社会群体通勤时间在半个小时左右的,精神健康状况最好。在城市中上班,通勤是每天都必须面对的重要问题。本书将通勤时间划分为 0 分钟、1~10 分钟、11~30 分钟、31~45 分钟、46~60 分钟、1~1.5 小时和 1.5 小时以上七组。由图 16-8 可知,31~45 分钟通勤时间的群组精神状况最好,精神状况得分最低,为 12.31 分。通勤在 30 分钟之内的得分呈现缓慢下降的趋势,而通勤时间超过 45 分钟的得分增加,则代表精神状况变差,通勤时间越长,精神状况越差。这可能与其工作单位的类型密切相关,我们在研究中发现一些体力劳动者通勤时间短,但是工作强度大、收入低。

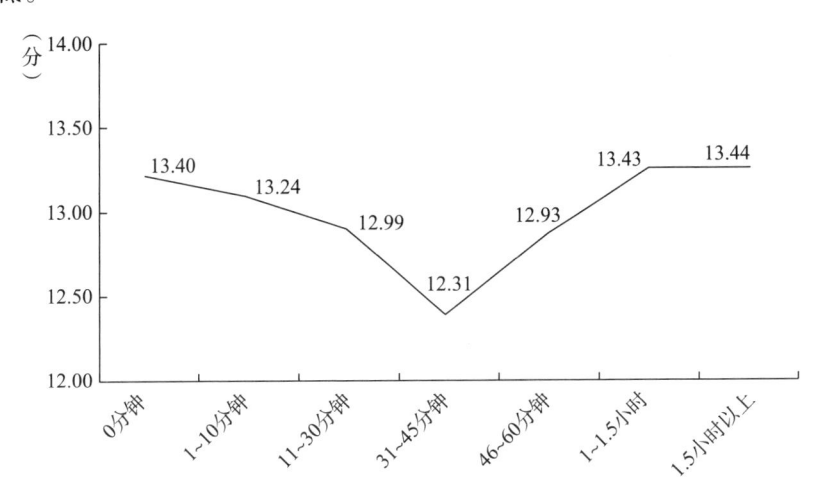

图 16-8 新社会群体的通勤时间与精神健康状况

即使是通勤时间相同,通勤方式也是会有差别的。例如自己开车上班,虽然相比公共交通来说,自己开车在舒适度上有着绝对的优势,但是在出行时间上却无法精准把握。

每天乘坐单位班车上班的群体,精神健康状况最好。通勤工具与精神状况的关系如图 16-9 所示,主要使用"单位班车"上下班的群组精神状况最好,精神状况数值最低(11.51)。使用"私家汽车"群组的精神状况排第二(12.32),使用"摩托车/电瓶车"的为 12.52,使用"地铁"的为 13.24,使用"公交车"的为 13.40,使用"自行车"的为 13.47。上下班"完全步行"的精神状况最差,分值最高(13.74)。这可能是因为"完全步

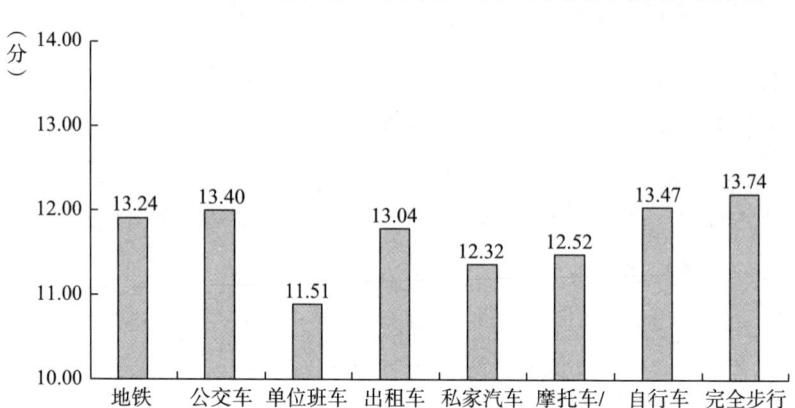

行"的群体中大部分从事重体力或无技术性的工作，从而精神压力大。

图 16-9 新社会群体通勤工具与精神状况

（七）工作与精神健康

工作与健康密切相关。关于城市移民群体的研究发现，精神健康受到劳动环境中多个因素的影响，如劳动权益（何雪松、黄富强、曾守锤，2010）、加班时间（刘林平、郑广怀、孙中伟，2011）、超时工作（朱玲，2009），等等。

在民营企业工作的新社会群体精神状况最好。在不同性质的单位中工作，则代表着背后的各种福利和保障的不同。由图 16-10 可知，在民营企业中工作的新社会群体的精神状况最好，分数为 12.89。在外资企业工作的分数为 13.02，个体工作者为 13.32。这样的结果可能是因为民营企业的工作压力不像在外资企业那么大。

与工作时间直接相关的不仅有工作强度和工作效率，还有由加班导致的劳动者身心健康。分析上海的数据发现，每周工作超过 40 小时和较差的心理健康状况相关，并且会增加工作者失眠的风险（刘兴娣等，2014）。

总体上，工作时间越长，精神状况越差。将每周的工作时间划分为六组，每周工作 20 小时及以下、工作 21~40 小时、工作 41~60 小时、工作 61~80 小时、工作 81~100 小时，以及每周工作 100 小时以上。由图 16-11 可见，每周工作时间 21~40 小时的精神状况最好，数值为 12.70。每周工作超过 40 小时的，工作时间越长，精神状况则越差。但是，每周工作时

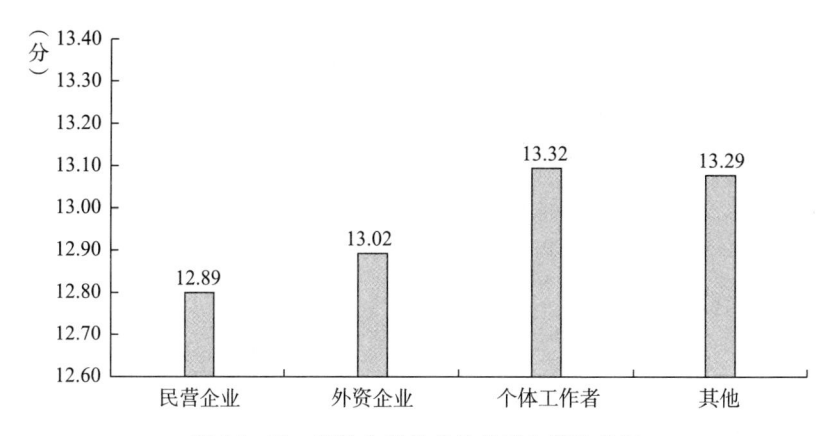

图 16-10　新社会群体单位性质与精神状况

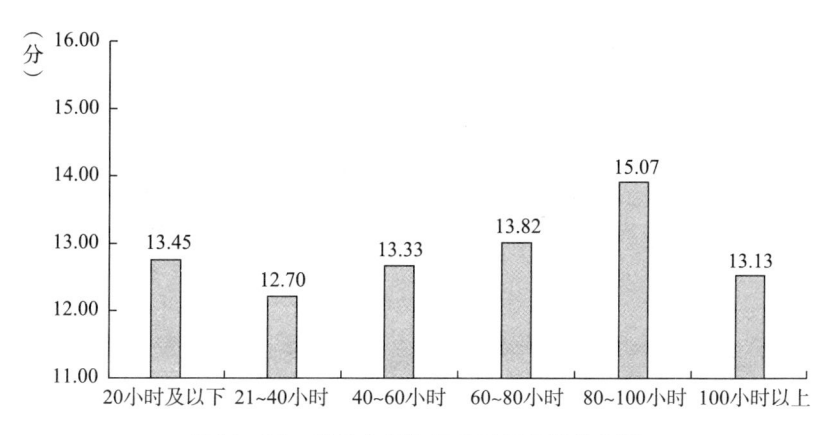

图 16-11　新社会群体工作时间与精神状况

间在 20 小时及以下的精神状况不好，可能是因为工作与劳动收入相挂钩。另外，每周工作时间超过 100 小时的群组并没有显示出极其糟糕的精神状况，则可能是因为选择性，因为喜欢自己所做的工作才会那么长时间去工作。

三　小结

健康是人类发展的首要目标之一，也是个体人力资本的重要组成部分。健康不仅有强大的工具性价值，它也是个人幸福的最重要组成要素，是社会发展的核心目标之一。本章分析了新社会群体与其他社会群体的健康差异，以及新社会群体内部精神健康的差异和影响因素。

在第一部分，从各群体间的比较中可以看出，从各项指标看，新社会群体的健康状况都好于其他群体。新社会群体的 BMI 指数在正常范围内的比例高于其他群体，说明新社会群体中体型正常的比例更多。在自评健康状况为健康的比例中，新社会群体的自评健康也较好。在常见疾病的发生情况上，新社会群体的健康水平高于其他群体。在精神健康方面，新社会群体在"感到恐惧""感到紧张"方面比例稍高于其他群体，其余的指标都低于其他群体。

第二部分，主要关注新社会群体内部精神健康的差异。从分析中可看出，新社会群体中女性的精神健康状况比男性差，但是到了55岁之后女性精神健康状况比男性好，这可能与男女退休年龄的差异相关。从受教育程度上看，受教育程度低的新社会群体精神健康状况更好。新社会群体中未婚和同居的精神健康状况更差，可能是由年轻和生活的不确定性所致。在公平感方面，觉得收入越公平的群体精神健康状况越好。从居住方面看新社会群体的精神健康，住房满意度越高精神状况越好。从新社会群体的通勤看其与精神状况的关系，通勤时间在 31~45 分钟的精神状况最好；使用单位班车上班的精神状况更好。另外从单位性质看，在民营企业中工作的新社会群体精神状况最好。从工作时间看，工作时间每天 8 小时的人精神状况最好。

第17章 总结和讨论

随着我国社会的发展，新社会群体已经成为我国社会的重要组成部分。在国家统战部的文件中，正式将"新的社会阶层人士"作为单列的一类统战工作对象，这表明国家已经充分认识到这一特殊群体的重要作用。近年来，关于新社会阶层或者新社会群体的研究，已成为学术界研究的热点之一。

在过去40多年中，上海经济快速发展，吸引了大批海内外人才，其中很多人属于新社会群体。因此，对上海市新社会群体进行深入研究，不仅对上海未来的社会发展具有重要价值，而且对中国城市化的发展路径也具有重要的借鉴价值。

本研究利用一个非常独特的"上海都市社区调查"（SUNS）2017年的大规模抽样调查数据，全面分析了上海新社会群体的构成与特征。

一 分析框架设计

学界关于新社会群体的分析，虽然已经有了大量分析成果，但是，从理论层面来看，对于这一群体的研究，尚没有独特的理论框架，多数研究者使用分析中产阶层的理论框架。因此，本研究对于这一问题的考虑，也借鉴了关于中产阶层的分析维度构建新社会群体的分析维度。综合各个理论流派，本研究试图从下面五个维度对我国的新社会群体展开分析：（1）经济维度，重点考察工作情况、经济状况、住房情况三个方面；（2）政治维度，侧重于从政治参与和集体效能两个方面展开；（3）社会维度，主要从社会融入、社交媒体使用、社会信心三个方面展开；（4）价值观维度，主要侧重于婚姻观和家庭观；（5）生活方式维度，主要从生活方式和身心健康两个方面展开。

本研究还构建了一个群体内外双重比较的数据分析维度。新社会群体是一个非常特殊的群体，与以往的社会阶层相比有非常明显的不同；新社会群体也是一个内部差异性和分化程度非常高的群体。因此，对新社会群体进行研究分析，需要从内外两个方面展开，既要比较新社会群体与其他群体的差异，也要看到新社会群体内部的巨大差异性。因为我们的数据是一个全样本数据，涵盖了上海市全部类型居民的代表性样本，由此我们不仅可以从中找出新社会群体的样本，还可以界定与之对比的其他群体。我们建立了一个双重的比较框架：既可以比较新社会群体与其他群体的异同，也可以比较新社会群体内部的分化。

二 新社会群体的特征

本研究使用的数据来自"上海都市社区调查"（SUNS）2017年的住户调查数据，该调查包括5100多户家庭问卷、8600多份成人问卷（15岁以上）和1800份少儿问卷。

通过对调查样本数据与上海市2010年普查数据和2015年1%人口抽样调查数据进行对比，我们发现本研究使用的调查数据总体代表性较好、数据质量非常高。在对家庭规模、性别、年龄、外来常住人口比重、学历等层面与上海市2010年普查数据和2015年1%人口抽样数据进行对比后发现，本研究使用的调查数据与上海市2010年普查数据和2015年1%人口抽样数据差异较小，并且所有差异均在合理范围之内。

本研究使用的SUNS调查数据的样本，是一个对所有上海市常住居民具有代表性的样本，在这个样本中，我们可以按照学界对于不同群体的理论界定，定义出所需要的群体样本。根据现有中产阶层研究的文献综述，以及国家对于新社会阶层的定义，在本研究中，我们将"新社会群体"定义为：工作在体制之外的社会精英（包括政治、经济、文化等不同领域）。这一群体具有下面几个显著的特征：在非公有制部门工作、具有较高文化水平、从事非体力劳动、多数在新型产业部门。按照这个定义，我们在总样本中定义出1435位"新社会群体"人员。根据我们的调查样本总量（8640名成人＋1200名在沪儿童），新社会群体人数占上海常住居民的比例为13.3%。这个数字与已有的研究非常吻合，说明本研究对于新社会群体的界定是非常科学的。

上海市新社会群体的基本社会人口学特征。(1) 从年龄来看，新社会群体的平均年龄为35.7岁，是劳动力市场的主力，处于劳动黄金年龄段。(2) 从性别来看，男女比例大致相当，男性占到55.86%，女性占到44.14%。(3) 从工作情况看，他们主要集中在民营企业（43.22%）和外资企业（23.42%），还有一部分是个体工作者（25.12%），民办企事业单位和其他领域的分别占到4.19%和4.05%。(4) 从雇佣身份上看，新社会群体主要由雇员（66.9%）、非体力自雇工作者（19.60%）和雇主（12.00%）组成。(5) 从职业类别来看，新社会群体主要由提供专业服务的人员组成。从事商业、服务业人员的比例最高，达到40.38%；其次是专业技术人员，比例为33.14%；办事人员和其他有关人员的比例为15.33%。(6) 从行业分布来说，新社会群体的行业分布非常多元化。(7) 从婚姻状况看，未婚者占24.56%，已婚者约占70.09%。(8) 从户籍看，新社会群体中沪籍和非沪籍人数接近。相比全市外来人口的比例，新社会群体的外来人口比例偏高。

三 新社会群体的多维度分析

本书第5~16章对新社会群体进行了多维度的分析，现总结如下。

第5章围绕新社会群体的就业展开。新社会群体活跃于体制外的各个领域；雇员是新社会群体的主要就业形式，主要分布于商业、服务业等领域；总体来看，新社会群体工作状况和条件相对较好，工作时间短但拥有高薪，具有更多的职业发展空间；新社会群体内部存在比较明显的分化，这在性别、户籍、受教育程度和工作单位等方面都有不同程度的体现。

第6章从工作收入、家庭金融、社会保障三个方面考察新社会群体的经济状况。(1) 上海的新社会群体是一个中高层的收入群体，平均工作收入远远超过上海居民的平均水平。同时，在新社会群体内部，存在明显的工作收入差异，不同性别、年龄、受教育程度、工作单位等，都会导致工作收入的不同。(2) 新社会群体具有更强的家庭理财观念。从家庭金融产品持有情况来看，新社会群体持有股票、基金、债券、投资型保险的比例远远高于其他社会群体。但新社会群体内部也存在非常明显的差异,不同年龄段、不同受教育程度、不同户籍、不同工作单位,其持有家庭金融产品的结构是非常不同的。

第7章着重描绘了当前上海市新社会群体的住房情况,主要包括住房类型、住房产权、住房面积几个方面。(1)从住房情况看,新社会群体与其他群体具有明显的差别;从住房类型来看,新社会群体以商品房为主,而其他社会群体则更加多元化;从住房产权来看,新社会群体以租房和购买商品房为主,而其他社会群体的住房产权则更加多样化;从住房的户均建筑面积来看,新社会群体并不占优势地位。(2)在新社会群体内部存在明显的分化:①从住房类型看,年龄越小,居住商品房的比例越低,老工/公房和自建房的比例越高;受教育程度越高,居住商品房的比例越高,居住自建房的比例越低;上海户籍的新社会群体居住商品房的比例明显高于外地人;在民营企业和外企工作的新社会群体居住在商品房的比例明显高于个体工作者,而个体工作者居住在自建房的比例要明显高于前二者。②从住房的产权性质看,新社会群体年龄越小,租房的比例越高,购买商品房的比例越低;受教育程度越高,租房的比例越低,购买商品房的比例越高;上海户籍的新社会群体主要以购买商品房为主,而非上海户籍的新社会群体则以租房为主;在外企工作的新社会群体主要是以购买商品房为主,而个体工作者和民营企业的新社会群体则更多是以租房为主。③从住房面积看:年龄越小,住房面积越小;在外企工作的新社会群体居住面积最大;自有产权住房的新社会群体,其居住面积远远大于租房群体。

第8章对新社会群体的政治参与进行分析,主要包括政治关注和政治参与情况两方面。(1)新社会群体对社区的公共事务了解较少,相对于其他社会群体,新社会群体对于社区居委会的关注明显不够,对社区的信任和居委会的信任相对偏低。(2)从社区公共事务的参与情况来看,新社会群体政治活动参与度不足。年龄越小,政治参与的程度越低。(3)新社会群体具有比较明确的政治意识,房屋产权显著影响了其政治意识。

第9章考察了新社会群体的社区集体效能状况。总体来说,新社会群体的社区集体效能较低。(1)从社会整合维度来看,新社会群体对于小区内部的重大问题认识整体处于一般水平,真正认为自己能够正确认识重大问题的人只占四分之一左右,认为自己有能力参与事务决定的人相对更少，只有约五分之一。（2）从社会控制的共享期望维度来看，新社会群体对于社区事务有明显的意识，有超过四成的人会阻止孩子乱涂乱画，有超过一半的新社会群体会阻止孩子打架。

第 10 章从社会交往和社会认同两个方面来分析新社会群体中的移民群体的社会融合情况。总体上看，移民群体社会融合水平较低。（1）在社会交往方面，移民群体的交往状况有很大的改善空间。从朋友交往来看，移民群体在上海的朋友中外地人远远多于当地人；从同事交往来看，移民群体的同事中，外地人比例高于当地人；从邻里交往来看，近一半的移民群体与居住小区邻居基本没有交流。（2）在社会认同方面，虽然多数移民群体表示喜欢或比较喜欢上海，但大部分人并没有把自己作为上海群体的一部分，而认为自己是外地人；大部分人对所在社区的满意度不是很高。

第 11 章主要关注新社会群体的社交媒体使用情况。（1）社交媒体已经成为新社会群体进行社会交往、接收信息、获取知识的重要途径。（2）从互联网使用者的年龄上看，年轻人是互联网使用者的绝对主力；随着年龄的增长，使用电视来了解国内新闻的人的比重会提高。（3）新社会群体在网络空间属于"沉默的大多数"。

第 12 章分析了新社会群体的社会信心状况。（1）总体来看，新社会群体的社会信心指数较高。（2）不同的社会群体，其社会信心状况不同：女性群体的社会信心比男性要强；拥有上海户籍有助于提高新社会群体的社会信心；雇主的社会信心比雇员的社会信心要强；从事非体力劳动者的社会信心比从事体力劳动者的要强；社会保障能够提高新社会群体的社会信心；社会交往的增强能够提高新社会群体的社会信心。

第 13 章对新社会群体的婚姻观进行了详细的考察。（1）在新社会群体户籍和教育的婚姻匹配上，跨户籍人数所占比例不高，同一受教育程度的人更容易通婚；新社会群体中的青年群体的婚姻匹配模式呈现越来越多样化的发展趋势。（2）外省女性通过婚姻实现跨省流动的比重要高于外省男性。（3）新社会群体的婚姻观呈现更加开放和多元的趋势。性别、年龄、学历、户籍、婚姻状态等因素对新社会群体中的婚姻观有不同程度的影响。

第 14 章分析了上海新社会群体的家庭生活状况和家庭观念，我们主要分析了家务劳动时间分配、家庭决策权、家庭生育意愿、家庭生活满意度等。（1）总体上，女性比男性承担更多的家务劳动，家务劳动时间依旧存在传统的性别角色分工。（2）新社会群体的家庭决策模式，总体来看是比较民主的，夫妻双方共同决策的比重比较高。但是家庭内部的分工和对家庭事务的决策权也呈现明显的性别模式，特别是在家庭大事的决策权上，女性不如男性。（3）新社会群体的生育意愿整体偏低，大多数人认为2个孩子是家庭理想子女数。（4）新社会群体的家庭生活满意度总体比较高。

第15章主要探讨了上海新社会群体的生活方式状况，包括抽烟、饮酒、睡眠、通勤等方面。（1）相比于其他群体，新社会群体有着更健康的生活方式。（2）新社会群体本身构成的多样性和特殊性，导致其内部的生活方式异质性更强。总体上受教育程度高、在外资企业工作的人，他们的生活方式更为健康。

第16章分析了新社会群体的身心健康状况，尤其是不同群体的精神健康差异。（1）从各项指标（BMI指数、自评健康指数、常见疾病、精神健康指数等）看，新社会群体的健康状况都好于其他群体。（2）新社会群体内部存在精神健康方面的显著差别：女性的精神健康状况比男性差；住房满意度越高精神状况越好；通勤时间在31~45分钟的精神状况最好；在民营企业中工作的精神状况更好。

四　不足之处

虽然本研究从经济、政治、社会、价值观、生活方式等多个方面对新社会群体进行了多维度的探讨，但不可否认，本研究还存在很多不足，需要在未来的研究中进一步深入。

首先，研究的理论分析框架有待进一步深化。现有研究对于新社会群体或者新社会阶层的研究，虽然取得了很多重要成果，但从理论层面来讲，仍然是在社会分层的理论框架之中进行，本研究也未能突破这一理论框架。作为一个随着中国社会转型而出现的新的社会群体，这一群体不仅仅对我国的统战工作提出了新的要求，也给学术界的理论探索带来了一定的挑战。新社会群体的出现，是否有助于学者突破原有的社会分层理论范式和中产阶层研究范式，提出一个更具中国本土化色彩的解释框架？随着中国经济与社会结构的进一步变迁，在未来，可能会出现更加复杂化的新社会群体，如何在现有的理论框架下，预判新的社会群体的发展？这是值得深思的。

其次，对于新社会群体社会功能的分析尚不够体系化。本研究从经济、政治、社会、价值观、生活方式等多个维度对新社会群体进行了深描；同时也在多个维度上对新社会群体和其他群体进行了对比研究，发现了新社会群体的一些独特的特点。但是，这些分类方法，尚显零散，缺乏一个更加具有内涵的理论体系以对新社会群体的社会功能进行详尽的概括。这一点，也是在未来的研究中需要进一步突破的重点所在。

最后，对新社会群体内部的差异化分析有待进一步挖掘。与传统的社会分层不同，新社会群体的定义，具有一定的模糊性和不确定性，之所以出现这种现象，是因为新社会群体内部存在极大的差异和分化。虽然在统战口径中新社会群体都被归为新社会阶层，但是，这一群体的出现，代表着原有社会结构的复杂化，甚至是出现了新的生发点而无法简单被纳入原有的结构当中。因此，在我们的分析中，不仅需要关注新社会群体与其他群体的区别，更需要关注新社会群体内部的差异，需要进一步找到能够有效分析新社会群体内部差异的维度。只有这样，我们对新社会群体的分析和关于其政策建议，才能更加精准有效，才能更加有的放矢。要做到这一点，需要在理论建构和数据分析两个方面同时发力。构建一个具有理论导向、经过严格数据检验的经验分析模型，对于讲好中国故事，建构具有中国本土化价值的理论；发展具有中国特色的社会科学话语体系建设，都具有重要的意义。

综合而言，本研究还属于一个对新社会群体的探索性研究，在未来仍然需要不断努力，继续进行深入探索。

参考文献

中文文献

布迪厄,1997,《文化资本与社会炼金术》,包亚明译,上海人民出版社。

布尔迪厄,2015,《区分》,刘晖译,商务印书馆。

谌鸿燕,2017,《代际累积与子代住房资源获得的不平等:基于广州的个案分析》,《社会》第4期。

陈哲,2018,《积极引导新的社会阶层为构建社会主义和谐社会服务》,《法制与社会》第18期。

褚荣伟、熊易寒、邹怡,2014,《农民工社会认同的决定因素研究:基于上海的实证分析》,《社会》第4期。

迪克森、王瑾,2012,《更新中国模式》,《当代世界与社会主义》第1期。

方亚琴、夏建中,2014,《社区、居住空间与社会资本——社会空间视角下对社区社会资本的考察》,《学习与实践》第11期。

风笑天,2007,《生活质量研究:近三十年回顾及相关问题探讨》,《社会科学研究》第6期。

何雪松、黄富强、曾守锤,2010,《城乡迁移与精神健康:基于上海的实证研究》,《社会学研究》第1期。

黄钢、金春林,2017,《中国城市健康生活报告(2016)》,科学出版社。

江捍平主编,2010,《健康与城市:城市现代化的新思维》,中国社会科学出版社。

李春玲,2003,《中国当代中产阶层的构成及比例》,《中国人口科学》第6期。

李春玲,2013,《中国中产阶级的特征:混杂的成分、多重的认同》,载李成主编《"中产"中国:超越经济转型的新兴中国中产阶级》,上海译文出版社。

李汉林、魏钦恭，2013，《社会景气与社会信心研究》，中国社会科学出版社。

李骏，2009，《住房产权与政治参与：中国城市的基层社区民主》，《社会学研究》第 5 期。

李路路、陈建伟、秦广强，2012，《当代社会学中的阶级分析：理论视角和分析范式》，《社会》第 5 期。

李培林、张翼，2008，《中国中产阶层的规模、认同和社会态度》，《社会》第 2 期。

李强，1997，《政治分层与经济分层》，《社会学研究》第 4 期。

李强，2004，《"丁字型"社会结构与"结构紧张"》，载李强《转型期中国社会分层》，辽宁教育出版社。

李晓壮，2017，《中国流动人口社会融合实践模式及政策分析》，《国家行政学院学报》第 4 期。

李亚慧、刘华，2009，《健康人力资本研究文献综述》，《生产力研究》第 20 期。

廉思、冯丹，2016，《当前新社会阶层的十大特征》，《学习时报》9 月 15 日 05 版。

林奇，2001，《城市意象》，华夏出版社。

林宗弘、吴晓刚，2010，《中国的制度变迁、阶级结构转型和收入不平等：1978-2005》，《社会》第 6 期。

刘精明，2001，《教育与社会分层结构的变迁——关于中高级白领职业阶层的分析》，《中国人民大学学报》第 2 期。

刘林平、郑广怀、孙中伟，2011，《劳动权益与精神健康——基于对长三角和珠三角外来工的问卷调查》，《社会学研究》第 4 期。

刘少杰，2011，《网络化时代的权力结构变迁》，《江淮论坛》第 5 期。

刘世定，2009，《危机传导的社会机制》，《社会学研究》第 2 期。

刘欣，2007，《中国城市的阶层结构与中产阶层的定位》，《社会学研究》第 6 期。

刘兴娣、张志燕、钟姮、王拥庆、刘红炜、傅华，2014，《职业人群工作时间、心理健康状况与失眠的关系》，《复旦学报》（医学版）第 5 期。

刘毅，2006，《中产阶层的界定方法及实证测度——以珠江三角洲为例》，《开放时代》第 4 期。

刘祖云，2000，《从传统到现代：当代中国社会转型研究》，湖北人民出版社。

鲁锐，2011，《新社会阶层发展与和谐社会构建探讨》，《黑龙江社会科学》第 4 期。

陆学艺，2003，《当代中国社会阶层的分化与流动》，《江苏社会科学》第 4 期。

陆学艺，2004，《当代中国社会流动》，社会科学文献出版社。

麦克南、布鲁、麦克菲逊，2006，《当代劳动经济学》，刘文、赵成美等译，人民邮电出版社。

齐亚强，2014，《自评一般健康的信度和效度分析》，《社会》第 6 期。

任远、乔楠，2010，《城市流动人口社会融合的过程、测量及影响因素》，《人口研究》第 2 期。

孙秀林，2018，《中国都市社会脉动：上海调查（2017）》，社会科学文献出版社。

王甫勤，2012，《社会经济地位、生活方式与健康不平等》，《社会》第 2 期。

王建平，2005，《中产阶层：概念的界定及其边界》，《学术论坛》第 1 期。

王小章，2002，《何谓社区与社区何为》，《浙江学刊》第 2 期。

吴晓刚，2007，《中国的户籍制度与代际职业流动》，《社会学研究》第 6 期。

吴晓刚、孙秀林，2017，《城市调查基础数据库助力社会治理》，《中国社会科学报》2017 年 11 月 8 日第 6 版。

新社会阶层江苏研究基地课题组，2014，《新社会阶层的政治认同研究》，《江苏省社会主义学院学报》第 5 期。

杨华、项莹，2014，《浙江农村老年人社会参与影响因素研究》，《浙江社会科学》第 11 期。

俞可平，2000，《治理与善治》，社会科学文献出版社。

张海东、陈群民、李显波，2017，《上海新社会阶层人士调查报告》，《科学发展》第 3 期。

张文宏、雷开春,2009,《城市新移民社会认同的结构模型》,《社会学研究》第 4 期。

张彦、魏钦恭、李汉林,2015,《发展过程中的社会景气与社会信心——概念、量表与指数构建》,《中国社会科学》第 4 期。

张翼,2008,《当前中国中产阶层的政治态度》,《中国社会科学》第 2 期。

郑杭生,2003,《社会学概论新修》,中国人民大学出版社。

郑功成,2003,《中国社会保障改革与制度建设》,《中国人民大学学报》第 1 期。

中共中央统战部研究室,2006,《举足轻重的群体 不可忽视的组织——必须高度重视加强新的社会阶层和非政府组织统战工作》,《红旗文稿》第 6 期。

周皓、李丁,2009,《我国不同省份通婚圈概括及其历史变化——将人口学引入通婚圈的研究》,《开放时代》第 7 期。

周晓虹,2010,《全球化、社会转型与中国中产阶级的建构》,《江苏省行政学院学报》第 1 期。

朱玲,2009,《农村迁移工人的劳动时间和职业健康》,《中国社会科学》第 1 期。

朱伟珏,2015,《社会资本与老龄健康——基于上海市社区综合调查数据的实证研究》,《社会科学》第 5 期。

英文文献

Bath, P. A. and Deeg, D. 2005. "Social Engagement and Health Outcomes Among Older People: Introduction to A Special Section." *European Journal of Ageing* 1: 24 – 30.

Browning, C. R. and Cagney, K. A. 2002. "Neighborhood Structural Disadvantage, Collective Efficacy, and Self-Rated Physical Health in an Urban Setting." *Journal of Health and Social Behavior*. 43 (4): 383 – 399.

Fred, C. Pampel, Patrick M. Krueger, and Justin T. Denney. 2010. "SES Disparities in Health Behavior." *Annual Review of Sociology* 36: 349 – 370.

House, James S. 2002. "Understanding Social Factors and Inequalities in Health: 20th Century Progress and 21st Century Prospects." *Journal of*

Health and Social Behavior 43 (2): 125 – 142.

Inglehart, R. and Welzel C. 2005. *Modernization, Cultural Change, and Democracy*. New York: Cambridge University Press.

Jessop, B. 1985. *Nicos Poulantzas: Marxist Theory and Political Strategy*. London: Macmillan.

Lewis, W. A. 1954. "Economic Development with Unlimited Supplies of Labor." *Manchester School of Economic and Social Studies*, 22 (2): 139 – 191.

Sampson, R. J. 2012. *Great American City: Chicago and the Enduring Neighborhood Effect*. Chicago: The University of Chicago Press.

Sampson, R. J, Morenoff, J. D., and Earls, F. 1999. "Beyond Social Capital: Spatial Dynamics of Collective Efficacy for Children." *American sociological review*. 64 (5): 633 – 60.

Shin, D. C and Johnson, D. M. 1978. "Avowed Happiness as an Overall Assessment of the Quality of Life." *Social Indicators research* (5): 475 – 492.

Slatcher, Richard B. 2010. "Marital Functioning and Physical Health: Implications for Social and Personality Psychology." *Social and Personality Psychology Compas* 4 (7): 455 – 469.

Tang, M., Woods, D., & Zhao, J. 2009. "The Attitude of Chinese Middle Class Towards Democracy." *Journal of Chinese Political Science* 14 (1): 81 – 95.

Wang, Zhengxu. 2005. "Before the Emergence of Critical Citizens: Economic Development and Political Trust in China." *International Review of Sociology* (1): 155 – 71.

World Bank. 2013. Development Indicators, 2013 edition.

图书在版编目(CIP)数据

新社会群体研究:以上海为例/孙秀林著. -- 北京:社会科学文献出版社,2020.11
(特大城市社会治理研究/李友梅主编)
ISBN 978-7-5201-7356-8

Ⅰ.①新… Ⅱ.①孙… Ⅲ.①群体社会学-研究-上海 Ⅳ.①D675.1

中国版本图书馆CIP数据核字(2020)第182010号

特大城市社会治理研究

新社会群体研究
——以上海为例

著　　者 / 孙秀林

出 版 人 / 谢寿光
责任编辑 / 任晓霞

出　　版 / 社会科学文献出版社·群学出版分社(010)59366453
　　　　　　地址:北京市北三环中路甲29号院华龙大厦　邮编:100029
　　　　　　网址:www.ssap.com.cn
发　　行 / 市场营销中心(010)59367081　59367083
印　　装 / 天津千鹤文化传播有限公司

规　　格 / 开　本:787mm×1092mm　1/16
　　　　　　印　张:11.5　字　数:185千字
版　　次 / 2020年11月第1版　2020年11月第1次印刷
书　　号 / ISBN 978-7-5201-7356-8
定　　价 / 128.00元

本书如有印装质量问题,请与读者服务中心(010-59367028)联系

▲ 版权所有 翻印必究